KiWi

1609

Das Buch

Im Morgengrauen des 19. August 2017: Spanische Polizisten holen Doğan Akhanlı, einen deutschen Staatsbürger, aus dem Bett seines Hotelzimmers in Granada. Er wird auf die Wache gebracht, und die Tür seiner Zelle schließt sich hinter ihm – wieder einmal: Wie in einer Zeitkrümmung durchlebt er erneut die Zeiten, die er in der Türkei als politischer Häftling verbracht hat – 1975, 1985–1987 und ab August 2010. Der absurde Vorwurf, er sei an einem Raubüberfall beteiligt gewesen, hat 2010 vor Gericht keinen Bestand. Akhanlı kann im Dezember desselben Jahres nach Köln zurückkehren. Der Freispruch wird allerdings wieder aufgehoben und Akhanlı seitdem mit einem über Interpol verbreiteten Haftbefehl gesucht – wovon er keine Kenntnis hat; sonst hätte er es sich überlegt, eine Urlaubsreise nach Spanien anzutreten.

Akhanlı wird nach seiner Verhaftung in Granada auf freien Fuß gesetzt, darf Spanien aber nicht verlassen, bis über seine eventuelle Auslieferung an die Türkei entschieden worden ist. Er beschließt, ein Buch zu schreiben: über die Geschichte seiner Verfolgung und die vieler anderer Oppositioneller, über sein Herkunftsland, die Türkei, die von Erdoğan in Richtung Faschismus getrieben wird, über das Land, in das er geflohen ist – Deutschland –, das sich auf eine ganz andere Weise als die Türkei seiner Vergangenheit stellt, und über Spanien und dessen diktatorische Geschichte.

»Verhaftung in Granada« ist, bei aller Grausamkeit und allem Unrecht, von denen die Rede ist, eine abenteuerliche, poetische und oft auch humorvolle Reise durch die letzten vierzig Jahre, die uns hilft zu verstehen, warum in der Türkei noch immer und wieder Arroganz, Willkür und Gewalt herrschen.

Erst am 19. Oktober 2017 kehrt Doğan Akhanlı wieder nach Deutschland zurück

Der Autor

Doğan Akhanlı wurde 1957 in der Türkei geboren und lebt seit 1992 als Autor in Köln. Er hat zahlreiche Romane und ein Theaterstück verfasst. In seinem Roman »Die Richter des Jüngsten Gerichts« (dt. 2007) thematisiert er den Völkermord an den Armeniern 1915. Weitere Werke: »Die Tage ohne Vater« (dt. 2016), »Der letzte Traum der Madonna« (türk. 2005), »Fasilistan« (türk. 2010), »Sag ihr, dass ich sie liebe« (türk. 2016). 2013 erhielt er in Köln den Pfarrer-Georg-Fritze-Preis.

Doğan Akhanlı

Verhaftung in Granada *oder* Treibt die Türkei in die Diktatur?

Aus dem Türkischen von Hülya Engin

Mit einem Vorwort von
Günter Wallraff

Kiepenheuer & Witsch

MIX
Papier aus verantwortungsvollen Quellen
FSC® C083411
FSC
www.fsc.org

Verlag Kiepenheuer & Witsch, FSC® N001512

1. Auflage 2018

Aus dem Türkischen von Hülya Engin

Umschlaggestaltung: Rudolf Linn, Köln
Umschlagmotiv: © Stefan Worring
Gesetzt aus der Adobe Garamond
Satz: Buch-Werkstatt GmbH, Bad Aibling
Druck und Bindung: CPI books GmbH, Leck
ISBN 978-3-462-05183-4

Inhalt

Vorwort

Menschen, die fliehen müssen, setzen sich unbekannten Gefahren aus. Sie gewinnen darüber hinaus Einblicke und Erkenntnisse, über die wir Sesshafte nicht verfügen. Ihnen zuzuhören, erweitert unseren Horizont. So ist es mir mit diesem Buch gegangen. Denn hier spricht ein Geflüchteter, ja ein mitunter Gejagter zu uns. Auf seiner Odyssee zwischen Gefängnissen und Freiheit hat er zu sich selbst und zu wachsender Klarheit über diese so bedrohlichen Zeiten gefunden.

Die türkischen Gefängnisse, in denen Doğan Akhanlı 1975, 1986 bis 1989 und 2010 festgehalten wurde, unterscheiden sich nicht nur im Ausmaß der Brutalität, die er erfahren musste. Sie unterscheiden sich auch in der Art, wie dieser Mikrokosmos – soweit das möglich ist – durch die Gefangenen selbst gestaltet wird: Gelingt es ihnen, Solidarität zu organisieren? Wie können sie einander stützen, wenn einige von ihnen gebrochen und sogar zu Folterern ihrer ehemaligen Kameraden wurden?

Doğan Akhanlı berichtet über seine Haftzeiten als der Literat, der er ist: detailliert, differenziert und im Bemühen, selbst diejenigen, die ihn unter wechselnden Vorwänden einsperren und drangsalieren, ja sogar der Folter unterziehen, verstehen zu wollen. Er berichtet schonungslos offen und verschweigt nicht, dass sich politische Gefangene in der Türkei in den 1990er-Jahren auch gegenseitig umbrachten. Eine unter den türkischen Linken bis heute verschwiegene Etappe ihrer Geschichte.

Gefängnisse sind in der Türkei eine zentrale Instanz, und

Erdoğan baut sie massiv aus. 2016 wurden 38 neue Gefängnisse in Betrieb genommen, 50 weitere sind im Bau. Die Neubauten verschlingen mit 1,25 Mrd. Euro ein Drittel des Justizetats. 52 000 »gewöhnliche« Kriminelle wurden nur dafür freigelassen, um an ihrer Stelle noch mehr »Politische« einkerkern zu können. 55 000 sind es nach türkischen Angaben, Schätzungen von Menschenrechtsorganisationen sprechen von über 80 000. Unter ihnen sind 170 Journalisten – damit befindet sich die Türkei laut »Reporter ohne Grenzen« weltweit noch vor China an erster Stelle.

Doğan Akhanlı lebt seit über 25 Jahren in Deutschland, in Freiheit. Dennoch oder vielleicht gerade deshalb kreist sein literarisches Schaffen um staatliche Gewalt und um staatliche Gewaltverbrechen. Er nimmt uns in seinem Buch mit nach Deir ez-Zor, aber auch nach Alfacar und Víznar, Orte, an denen sich mörderisches staatliches Handeln manifestiert hat: gegen die Armenier, Roma und Sinti und gegen die demokratische Opposition. Massenhaft erlebte Staatsgewalt prägt Generationen. Nur eine kritische Erinnerungskultur könne die Menschen aus den Verwicklungen kollektiver Traumata lösen, ist eine schmerzlich gewonnene Grundüberzeugung von Doğan Akhanlı. Werden staatliche Verbrechen geleugnet oder verschwiegen, bindet das diese Staaten im Innern und im Verhältnis zueinander in einem stetigen gewalttätigen Wiederholungszwang. Akhanlı formuliert das bezogen auf die Türkei so:

»Solange die Begriffe *Vaterland, Nation, Verräter* und *Märtyrer* nicht aus dem alltäglichen türkischen Sprachgebrauch getilgt sind und solange die Türkei sich nicht der eigenen Vergangenheit stellt, werden zwar die Opfergruppen wechseln, aber das Morden wird kein Ende nehmen.«

Wegen solcher Klarstellungen wird er, wie so viele andere,

vom türkischen Staat als *Vaterlandsverräter* verfolgt. Dennoch lässt sich die deutsche Regierung von diesem Regime immer wieder erpressen und zum diplomatischen Stillhalten verleiten. Sie steht ihm finanziell und militärisch zur Seite – von einzelnen kritischen Untertönen abgesehen, die im letzten Bundestagswahlkampf wenigstens ein wenig fordernder und deutlicher wurden. Mit dem sogenannten Flüchtlingsdeal hat die deutsche Regierung Erdoğan mit vielen Milliarden Euro zum Türwächter gegen Flüchtlinge gemacht. Nach der Türkei hat sie den gleichen Handel mit Libyen, Mali und anderen diktatorisch regierten Ländern abgeschlossen. Immer weiter werden wir hineingezogen in ein globalisiertes staatliches Komplott.

Doğan Akhanlı ist mit seinem Kampf gegen staatliche Gewaltverbrechen zum Feind und Hassobjekt bei Erdoğans Islamfanatikern sowie türkischen Nationalisten geworden. Er nimmt aber auch auf Empfindlichkeiten seiner Freunde keine falsche Rücksicht. Als ihn die Republik Armenien wegen seines Buches »Die Richter des Jüngsten Gerichts« als ersten türkischen Schriftsteller einlud, an den Gedenkfeierlichkeiten zum Genozid an den Armeniern teilzunehmen, kritisierte er bei dieser Gelegenheit gleichwohl auch die staatliche Unterdrückung dortiger Oppositioneller.

In Deutschland will er die stete Erinnerung an den Holocaust auch auf andere Verbrechen gegen die Menschlichkeit in anderen Staaten ausweiten, in Vergangenheit und Gegenwart. Das ist keine Relativierung des Holocaust, vielmehr eine Vertiefung der Erinnerung, die dann endlich auch die Migranten in unserem Land einschließt und sie mit ihren Erinnerungslasten nicht allein lässt.

Um staatliche Gewalt kreist dieses Buch, historische wie auch persönlich erlittene, um Verdrängung, Aufarbeitung und Erinnerung. »Verhaftet in Granada« ist im besten Sinne ein grenzüberschreitendes Buch. Es gehört zur Ironie der Geschichte, dass nun der Mann dafür gesorgt hat, dass es geschrieben wurde, dem zwar nicht das von ihm ständig propagierte Kopftuch, sondern ein dichter Schleier national-religiös-fanatischen Denkens einen klaren Blick auf sein eigenes Land verhängt: Recep Tayyip Erdoğan.

Er will ein Hochhaus in den Gezi-Park setzen, anstatt den armenischen Friedhof, der sich einst dort befand, zu ehren oder zumindest das Mahnmal, das dort aufgestellt war, wieder zu errichten. Er lässt seinen Gegnern ganz offen mit Folter und Mord drohen und ihnen durch seinen Wirtschaftsminister Nihat Zeybekci – wie aus dem *Wörterbuch des Unmenschen* – verkünden: »Wir werden sie in Löcher stecken, und sie werden nie wieder Allahs Sonne sehen, solange sie atmen. Sie werden nie wieder eine menschliche Stimme hören. Sie werden uns anflehen, sie zu töten, um sie aus ihrem Elend zu erlösen.« Während des Putschversuchs – laut Erdoğan ein »Geschenk Gottes« – getötete Gülen-Anhänger lässt er als »Verräter« neben einem Hundefriedhof verscharren.

So sorgt nun also paradoxerweise ausgerechnet dieser Despot dafür, dass einem Schriftsteller, der es jahrelang schwer hatte, seine literarische Arbeit auch in Deutschland bekannt zu machen, endlich die Bedeutung erfährt, die ihm gebührt.

Günter Wallraff, im Dezember 2017

I. Verhaftung

Granada, 19. August 1936

1. Kapitel

Lorca, muerte en Granada

Als wir in Granada ankamen, hatte ich längst vergessen, dass Lorca hier geboren wurde, und es lag viele Jahre zurück, dass ich seine Gedichte gelesen hatte.

Dass ich selbst Schriftsteller bin, spielte bei meinem Aufenthalt hier in Granada nicht die geringste Rolle. Mit meiner Lebensgefährtin, bei deren Anblick kaum jemand sogleich ausmachen kann, aus welchem mediterranen Land sie wohl stammt, machte ich eine Woche Urlaub. Eine kurze Auszeit fern aller Sorgen dieser Welt. Wohlverdient, wie wir fanden.

Das Wort *Granada* deckte sich mit unseren Gefühlen. Dazu musste man nicht Spanisch können. Es war poetisch genug. Ich assoziierte damit Gebirgszüge und Granatapfelkerne.

Deshalb staunte ich nicht im Geringsten, als Peri sagte, die Stadt habe ihren Namen tatsächlich vom Granatapfel. Wegen der wie Granatapfelkerne aneinandergereihten Häuser. »Lorca«, fügte sie hinzu, »der Lyriker Federico García Lorca stammt von hier.«

Da allerdings hob ich konsterniert den Blick und sah sie an.

»Wie bitte?«, sagte ich, um Zeit zu gewinnen und die aufkeimende Beschämung zu überspielen, dass ich Lorca vergessen hatte.

»Lorca stammte aus Granada«, wiederholte sie. »Und ein Lorca-Museum gibt's hier auch.« Sie zeigte es mir auf dem Stadtplan.

Am nächsten Tag standen wir frühmorgens vor dem Haus, in dem Lorca gelebt hatte. Ein Haus mitten in dem großen Park, der den Namen des Lyrikers trägt. Wir schlossen uns einer zweisprachigen Führung an, Englisch und Spanisch. Wir waren zu sechst, zwei Männer, vier Frauen. Zwei der Frauen schienen aus Südamerika zu sein, Peruanerinnen vielleicht. Gefragt haben wir sie nicht.

Dies war Lorcas Sommerhaus. Hier wohnte er, wenn er, inzwischen ein Lyriker von Weltrang, seiner Heimatstadt einen seiner immer noch häufigen Besuche abstattete. Zuletzt war er im August 1936 da gewesen, um die Familie zu sehen. Die Falangisten waren hinter ihm her. In der Nacht des 16. August (welch Zufall, am 16. August 2017 in Granada angekommen zu sein!) wurde Lorca von einer Gruppe von Franco-Anhängern aus dem Haus, in dem er Unterschlupf gefunden hatte, abgeholt und an einen Ort zwischen den Kleinstädten Víznar und Alfacar verschleppt. Vor 81 Jahren. Wer Lorcas Aufenthaltsort, das Haus der Familie Rosales, die auch Franco-Anhänger zu ihren Verwandten zählte, verraten hatte, ist bis heute nicht aufgeklärt. Es heißt, Lorca habe bei seiner Verhaftung einen Schlafanzug sowie eine bohemehaft gebundene Krawatte getragen. Jahre später, als seine Nichte Laura Lorca über jene Nacht sprach, fasste sie das Geschehene folgendermaßen zusammen: »Es war ein politisch motivierter Mord. In der spanischen Provinz, in einer kleinen Stadt, wurde ein großer Mensch ermordet.«

Nachdem wir viel über die Dreißigerjahre und den Bürgerkrieg, eine immer noch nicht verheilte Wunde der spanischen Geschichte, erfahren hatten, kehrten wir nicht sogleich ins Hotel zurück.

Mochte Mercedes, meine einzige spanische Freundin, ruhig meine Schwäche für Flamenco als *klischeehaft* abtun, ich genoss das großartige Straßenkonzert in den kühlen Abendstunden. Wir verweilten bis zum Ende und kehrten weit nach Mitternacht ins Hotel zurück.

Peri schlief irgendwann ein. Ich aber blieb noch lange wach und beschäftigte mich mit Federico García Lorca, bis der Tag anbrach.

Als der Horizont sich rosig zu färben begann, war ich guter Dinge, denn ich hatte die Liste der 27 ins Türkische übersetzten Lorca-Werke auf meinem PC gespeichert. Na, immerhin, dachte ich, die Türkei hatte Lorca also noch nicht vergessen! Dieses Land, das Lorca nicht vergessen hatte, bewegte sich nun allerdings sicheren Schrittes auf eine faschistoide Diktatur zu. Ich sollte einen Essay darüber schreiben, dass eine längst überwunden geglaubte Despotie in der Türkei zu einer aktuellen Gefahr geworden war, ging mir durch den Kopf. Wehmütig, aber auch in Vorfreude darauf, meine Idee umzusetzen, gelang es mir doch noch, die Nachttischlampe auszuknipsen.

Granada, 19. August 2017

2. Kapitel

Untersuchungshaft in Granada

Gegen acht Uhr morgens wurde ich durch Klopfen an der Tür wach. Wie ich eine Woche später erfuhr, hatte die Polizei zuvor das Hotelpersonal wach geklingelt, sich nach uns erkundigt und in Vorbereitung meiner Verhaftung das Hotel räumen lassen. Als ich in Boxershorts öffnete, sah ich auf dem schmalen Korridor einen Trupp Polizisten in kugelsicheren Westen. Von dem abscheulichen, vom IS für sich reklamierten Terroranschlag in Barcelona hatte ich gehört und vermutete zunächst nichts allzu Schlimmes angesichts der Tatsache, Polizisten gegenüberzustehen. Sie werden alle Ausländer vermeintlich muslimischen Glaubens im Land kontrollieren, vermutete ich. Als der Einsatzleiter mich auf Englisch nach meinem Personalausweis fragte, war ich irritiert. Meine Lebensgefährtin machte trotz all des Lärms keinerlei Anstalten aufzuwachen. Die Beamten waren höflich. Sie hielten es nicht für nötig, das Zimmer zu betreten.

»Peri«, rief ich, »wach auf, die Polizei macht eine Ausweiskontrolle.«

Peri richtete sich im Bett auf, griff nach ihrer Tasche und

reichte mir ihren Ausweis, und ich gab beide Pässe dem Einsatzleiter. Als er Peris Ausweis unbesehen zurückgab, schwante mir nichts Gutes. Also doch keine Routinekontrolle. »Machen Sie sich bereit. Sie kommen mit uns«, hieß es zunächst. Und wir zogen uns an. Doch dann schienen sie zu zögern, sprachen Spanisch untereinander. Die Augen des Einsatzleiters wanderten ungläubig zwischen mir, meinem Ausweis und dem offiziellen Schreiben in seiner Hand hin und her. Eine Zeit lang wurde herumtelefoniert. »Vielleicht müssen Sie gar nicht mit«, hieß es dann. Wir beruhigten uns ein wenig. Doch währte unsere Erleichterung nicht lange. Mir wurde mitgeteilt, ich sei verhaftet. Mein Handy wurde beschlagnahmt. Peri wurde daran gehindert mitzukommen.

Sie ereiferte sich nicht zu knapp. »Das geht doch nicht, der Mann kann doch kein Englisch, so eine Unverschämtheit, in aller Herrgottsfrühe so eine lächerliche Festnahme.« Es nutzte aber nichts. Sie wetterte wie eine waschechte Hamburgerin. Sieh an, dachte ich, wer in Deutschland geboren und aufgewachsen ist, lässt sich also nicht so einfach von der Polizei einschüchtern. Man schrieb ihr die Adresse auf, zu der ich geführt würde. Sie könne ja mit dem Taxi nachkommen. Für eine Umarmung blieb keine Zeit.

Im Gehen fiel mir gerade noch ein: »Sei so gut und ruf Ilias an.« Peri hätte aber auch von sich aus meinen Freund Ilias Uyar angerufen, der seit 2010 mein Anwalt ist. Und meinen Kölner Freund Albrecht Kieser sowieso.

Beim Verlassen des Hotels sah ich, dass sich draußen ein weiterer Trupp Polizisten aufhielt. Ich wurde auf den Rücksitz eines Fahrzeugs gesetzt. Ich muss einen harmlosen Eindruck gemacht haben; man legte mir keine Handschellen an.

Wir machten uns auf den Weg. Warum wir auf die Autobahn fuhren, obwohl Granada eine kleine Stadt ist, begriff ich nicht. Nach einer Weile sah ich ein Schild *Madrid 420 km* und wurde unruhig. Irgendwie war die Aussicht, nach Madrid gebracht zu werden, besorgniserregend. Dann sah ich wieder ein Granada-Schild und beruhigte mich etwas. Kurz darauf fuhren wir in die Tiefgarage eines Gebäudes, das mich an das Antiterrordezernat in der Istanbuler Vatan Caddesi erinnerte. Einige Eisentüren wurden auf- und zugeschlossen, und ich wurde auf einem Korridor gebeten, auf einem der Stühle Platz zu nehmen. Übrigens hatte man mir, warum auch immer, beim Aussteigen doch noch Handschellen angelegt. Immer noch kein Wort darüber, warum ich festgenommen worden war.

Die Spanier sind, wie die Türken, ein Volk, das sich äußerst erfolgreich gegen Fremdspracherwerb sträubt. Aus dem Film *No Country for Old Men* hatte ich das spanische Wort für *Wasser* behalten. Ich sprach es aus: *Agua!* Ob ich es mit dem gleichen Ausdruck sagte wie der sterbende Mexikaner im Film, kann ich nicht beurteilen. Aber man brachte mir Wasser. Und sie waren so freundlich, mir zum Trinken die Handschellen zu lösen, obwohl es wirklich nicht nötig gewesen wäre.

Dann begann das Registrierungs-Prozedere. Zum wievielten Mal im Leben wurde ich registiert! Müßig zu zählen, wie oft mir in der Türkei Fingerabdrücke genommen wurden. Ebenso bei meinem Asylantrag in Deutschland. Hanswerner Odendahl, mein Anwalt im Asylverfahren, im Übrigen der Anwalt nahezu aller türkeistämmigen Asylbewerber in Köln (und außerdem als *Boni* auch Held nicht weniger Erinnerungsromane türkeistämmiger Exilanten), hatte mir damals gesagt, dass diese Einträge nach acht Jahren gelöscht werden. Demnach gehörte ich in Deutschland nicht mehr zu den offiziellen Registrierten.

In der Türkei variiert die Prozedur je nachdem, welcher Beamte für dich zuständig ist. Wenn du Glück hast, gerätst du an einen humanen Typen, wenn du Pech hast, wird die einfachste Prozedur zur Höllenqual, wovon viele Bürger, insbesondere armenische, jüdische, kurdische und alevitische, ein Lied singen können. Beispielsweise hatte man mir bei meiner Verhaftung im August 2010 am Flughafen Istanbul-Sabiha Gökçen mein Handy nicht abgenommen, bis ich in den Knast gesteckt wurde. Von der Polizeistation des Flughafens aus hatte ich nach Deutschland telefonieren und sagen können, dass mich die Herren Polizisten festgenommen hatten, und auch meinem Freund, der mich am Flughafen abholen wollte, Minute für Minute den Stand der Dinge berichten können.

Die Spanier machen ihre Sache aber gründlich, dachte ich während der Abnahme der Fingerabdrücke. Wäre ich nicht in Begleitung meiner Lebensgefährtin gewesen – sie war, so schnell es ging, mit dem Taxi nachgekommen –, hätte man mich vorläufig zu den *Vermissten* zählen können. Kein erfreulicher Gedanke. Ich wusste, dass es in der Franco-Zeit über 30 000 *Vermisste* gegeben hatte. Der Mann war lange tot, aber er hörte einfach nicht auf, in meinem Gedächtnis herumzugeistern.

Nach der Abnahme der Fingerabdrücke begriff ich, dass es richtig ernst wurde. Ein Beamter wollte mich mit Plastikhandschuhen abtasten. Immerhin musste ich mich nicht völlig entkleiden. Ich mag es nicht, von Erinnerungen eingeholt zu werden. Dann hörte ich ein vertrautes Geräusch. Eine metallene Zellentür wurde geöffnet. Es war so weit. Ich war dabei, an einem mir unbekannten Ort über die Schwelle in eine mir allzu bekannte vielschichtige Vergangenheit zu treten.

In der Stadt, in der Lorca vor 81 Jahren, bei Morgendämmerung wie jetzt, erschossen wurde, in eine Zelle gesteckt zu werden, hatte wahrlich nichts Poetisches.

Köln vor sieben Jahren, 9. August 2010

3. Kapitel

Abschied

»Wann bist du, im schlimmsten Fall, wieder da?«, fragte meine Tochter beim Abschied.

An ihrer Frage hafteten sämtliche Formen der Angst. Ja, wirklich, sollte das Schlimmste eintreffen, wann würde ich zurückkehren können? Ich zögerte, sah in den grünen Silberblick meiner Tochter und in das Gesicht meines Sohnes, der versuchte zu lächeln. Ich hatte eingecheckt. In einigen Minuten würde ich mich verabschiedet haben und weg sein. Mir war bewusst, dass ich eine riskante Reise antrat. Anders als meine Reise nach Granada, Jahre später. Auf die offizielle Anfrage meines Anwalts, ob ich in der Türkei gesucht werde, war mitgeteilt worden, dass laut Dekret mit der Nummer soundso des Innenministeriums keine Auskunft über die betreffende Person gegeben werden könne, was bedeutete, dass gegen mich ermittelt wurde.

»Ich rate Ihnen dringend von der Einreise ab«, hatte der Anwalt am Telefon gesagt. »Das ist hier die Türkei. Hier kann alles passieren.«

Wäre der Film *Interstellar* früher gedreht worden und hätte ich ihn rechtzeitig gesehen, hätte ich mir womöglich ein Beispiel an der Abschiedsszene zwischen Vater Cooper und seiner Tochter Murph nehmen und am Kölner Flughafen zu meiner Tochter *Los, gehen wir nach Hause* sagen und auf meine Reise verzichten können. Im Nachhinein sollte mir im Kinosaal klar werden, dass die Geschichte zu Teilen die meine war. Der Unterschied zwischen dem Filmvater und mir bestand darin, dass er eine Reise zwischen den Sternen, ich jedoch eine zwischen Ländern antrat. Beide hatten wir einen Sohn und eine Tochter, und beide Töchter hatten eine Heidenangst davor, dass wir die Reise antraten. Der Filmvater ruft, als er in seinem Raumschiff die Erde verlässt: *Ich werde zurückkehren, auf jeden Fall, versprochen, Murph!,* so als könne die Tochter ihn hören, während in der nächsten Einstellung eine alte Frau sagt: *Papa ist nicht zurückgekehrt.* Zweifellos war sein Entschluss, wenn auch um hehrer Ziele willen, egoistisch. Doch würde er dies erst in einer finsteren Ecke des Universums begreifen und weinen: *Verzeih mir, Murph!*

Ich verhielt mich genauso egoistisch wie der Filmvater und trat nicht von meiner Reise zurück. »Anfang des nächsten Jahres«, sagte ich, bloß um ihre Frage nicht unbeantwortet zu lassen. »Spätestens im Januar bin ich wieder da.«

»Versprochen?«, fragte meine Tochter.

»Versprochen«, antwortete ich kleinlaut.

Wir verabschiedeten uns. »Papa«, sagte mein Sohn, »ich habe so ein ungutes Gefühl, die werden dich verhaften.«

Im Grunde ging es mir nicht anders. Aber ich wusste, dass ich trotzdem reisen musste. Entgegen dem Rat meines Anwalts, denn ich hatte triftige Gründe. Dass meines Wissens nichts gegen mich vorlag, war ein triftiger Grund. Mein Wunsch, meinen Vater zu sehen, war ein triftiger Grund. Mein Wunsch, in die Heimat zu reisen, um das Übel *Heimweh* zu bezwingen, war ein verdammt triftiger Grund. Abgesehen von dem, was ich geschrieben hatte, gab es keine ersichtlichen Bedenken.

Ich hatte auch den Eindruck gewonnen, dass die Türkei Schritte in eine positive Richtung unternommen hatte. Dieser Eindruck war nicht aus der Luft gegriffen: In dem Katalog, den die türkische Seite 2008 anlässlich der Frankfurter Buchmesse zur Vorstellung der Literatur des Gastlandes Türkei vorlegte, wurde unter 60 türkischsprachigen Romanciers auch ich mit *Der letzte Traum der Madonna* aufgeführt. Der Vorstellungstext beschrieb mich sogar als einen äußerst kritischen Autor, der mit dem Buch *Die Richter des Jüngsten Gerichts* bekannt geworden sei, das den Genozid an den Armeniern thematisiere; der Holocaust sowie die Erinnerungskultur seien meine Hauptmotive.

Orhan Pamuk hatte die Eröffnungsrede gehalten. Staatspräsident Gül begleitete ihn. Ich hatte Gelegenheit gehabt, mit fast allen Gästen aus der Türkei zu sprechen. Sprachvirtuose Murat Uyurkulak hatte eine unvergessliche Lesung abgehalten. Zu einem Fernsehgespräch, an dem auch der Staatssekretär des türkischen Ministeriums für Kultur teilnahm, war auch ich eingeladen worden, und gemeinsam hatten wir die erfreulichen Entwicklungen der türkischsprachigen Literatur gewürdigt. Dass in der Türkei zur selben Zeit die Staatsanwaltschaft der Großen Strafkammer mit besonderer Befugnis einen internationalen Haftbefehl gegen mich erließ und dass ich weltweit gesucht werden würde, konnte ich naturgemäß nicht wissen. Der Staatssekretär wohl genauso wenig.

Wie den namenlosen Ich-Erzähler in *Der letzte Traum der Madonna,* der auf den Spuren von Maria Puder zu einer Zeitreise aufgebrochen war, hatte auch mich in jenen Jahren das Heimweh befallen. Die Krankheit hatte solche Ausmaße angenommen, befand sich in einem derart fortgeschrittenen Stadium, dass ich selbst an der Existenz meines am äußersten Ende der Schwarzmeerküste liegenden Geburtsdorfes zu zweifeln begann, hinter den sommers wie winters schneebedeckten Bergen. Seit 35 Jahren war ich fern von meinem Geburtsort. Und seit 35 Jahren träumte ich immerzu von dem Haus, in dem ich geboren wurde. Immerzu stand ich davor und kam einfach nicht hinein. Entweder war das Haus eine einzige Ruine, oder es begann lichterloh zu brennen, sobald ich den ersten Schritt über die Schwelle tat. Oder meine am 3. Januar 1993, ein Jahr nach meiner Ankunft in Deutschland, verstorbene Mutter rief aus den Maisfeldern am Hang entlang des Dorfes nach mir, und ich wachte schweißgebadet auf. Längst konnte ich heimatliche Klänge nicht mehr hören, ohne dass mein Herz zu rasen begann. Um mein Leiden zu lindern, rief ich oft meinen noch immer im Dorf lebenden Vater an und führte lange Gespräche mit ihm. Je länger wir sprachen, desto mehr wuchs in mir wieder die Gewissheit, dass mein Geburtsdorf doch keine Illusion war.

Im Sommer 2010 stand ich im Traum wieder einmal in einer verschneiten Winternacht vor meinem Geburtshaus. Es war von drei Seiten von Schnee umschlossen, der bis zum Holzbalkon reichte. Anders als in meinen früheren Träumen kam ich hinein und schlich über den Balkon in den oberen Stock mit den Schlafzimmern. Mein Vater lag nicht in seinem Bett. An der Treppe bemerkte ich ein schwaches Licht aus dem unteren Stock. Ich rief nach meinem Vater. Bin hier unten, antwortete er. Was machst du da, fragte ich. Ich spiele das Butterwurf-Spiel, sagte er. Als ich hinunterwollte, war die Treppe nicht da.

Ich ließ mich in die Leere fallen und sah meinen Vater aus einem Stapel *Deutsche Markenbutter* in der Ecke ein Päckchen nach dem anderen nehmen und gegen die Wand werfen. Ich spielte mit.

Als ich zufrieden und erfüllt aufwachte, war mir klar geworden, dass die Heimreise nicht länger aufzuschieben war. Ich stand auf, fuhr den Computer hoch und besorgte mir ein Ticket für den 9. August 2010 nach Istanbul.

Das Flugzeug landete genau um 02.50 Uhr in der Nacht zum 10. August in Istanbul. Ich hatte in der ersten Reihe gesessen. Sitz 1A. Nur die beiden Sitze neben mir waren leer, was ich beunruhigend fand. Die Sitze D, E und F in derselben Reihe waren besetzt. D von einer Frau meines Alters, die allein reiste. Auf E und F unterhielten sich Mutter und Sohn, er etwa 16 Jahre alt. Sie kam mir von irgendwoher bekannt vor, und ich erinnerte mich sogar an ihren Vornamen.

Auf dem Weg zur Passkontrolle fragte mich die mit ihrem Sohn reisende Frau, ob ich sie nicht erkannt hätte.

»Doch, doch«, antwortete ich. »Sie heißen genauso wie meine erste Jugendliebe« zu sagen wäre unangemessen gewesen, womöglich hätte sie mir auch nicht geglaubt.

»Sie sind Schriftsteller, ich war auf einer Ihrer Lesungen«, erklärte sie sicherheitshalber. Ich lächelte. Bei meiner ersten Heimreise nach so langer Zeit einer Bekannten begegnet zu sein gab mir das Gefühl von Sicherheit.

An der Passkontrolle standen lediglich drei Passagiere vor mir. Die Namensvetterin meiner Jugendliebe ließ mich vor. »Sie zuerst«, sagte sie. »Nach all den Jahren gebührt Ihnen der Vortritt.«

Ich reichte meinen Pass hinüber. Einen deutschen Pass. Es war zwölf Jahre her, dass ich die Staatsbürgerschaft der Türkischen Republik verloren hatte. Drei Jahre war ich *heimatlos,* ohne dass es mir wichtig war. Seit Beginn des neuen Jahrhunderts hatte ich eine neue Heimat und ein neues Vaterland, ohne dass es mir wichtig war. Begriffe wie *Heimat* oder *Vaterland* waren mir immer suspekt, weil sie abgegriffen sind und missbraucht werden. Ich mag sie noch immer nicht. Gustav Heinemanns Antwort auf die Frage, ob er Deutschland liebe, hat es mir angetan: *Ach was, ich liebe keine Staaten, ich liebe meine Frau!*

Der Schalterbeamte ist immer noch mit meinem Pass beschäftigt. Voller Ungeduld erwarte ich, dass er *Bitte sehr, herzlich willkommen* oder etwas in der Art sagt. Wie im Märchen.

»Efendim«, sagt der Beamte, mit völlig unmärchenhaftem Ernst, »haben Sie Ihren türkischen Ausweis dabei?«

»Nein. Ich bin deutscher Staatsbürger. Aus der türkischen Staatsbürgerschaft hat man mich entlassen. Rausgeworfen.«

»Nein, *efendim.* Man hat Sie gewiss nicht rausgeworfen. So etwas gibt es nicht. Man wird nicht aus der Staatsbürgerschaft rausgeworfen.«

»Ich schon. Offiziell. Mit dem Urteil des Ministerrats. Vor zwölf Jahren.«

»Unmöglich. Das nennt man nicht Rauswurf, sondern Verlust. Verlust der Staatsbürgerschaft. Wie Geld. Wirft man Geld raus? Man verliert es. Genau so. Werfen Sie Ihr Geld weg? Nein, Sie verlieren es. Genau so. Sie werden Ihre Staatsbürgerschaft verloren haben. Ist das Ihr Geburtsdatum?«

»Ja.«

»Und das Ihr Geburtsort?«

»Ja.«

Das Schweigen des Schalterbeamten dauert. Kein gutes Zeichen.

Während die Kölner Bekannte, ihr Sohn und ich besorgte Blicke wechseln, steht der Beamte auf und sagt: »Kommen Sie mit. Es liegt ein Haftbefehl gegen Sie vor.«

Ein letzter Blick zu der Namensvetterin meiner allerersten Jugendliebe. Sie tippt eilig auf ihrem Handy herum, während ich mit meinem Rucksack dem Beamten folge. Sie wird wohl die Kölner über meine Verhaftung informieren, denke ich. In der Tat hat sie, wie ich später erfuhr, genau dies getan. »Hilfe«, hat sie geschrieben, »die haben Doğan verhaftet.« In der Kölner Exilanten-Community gibt es keinen zweiten Doğan. Sie wussten sofort, dass es um mich ging.

Während ich in Begleitung des Beamten einen ellenlangen Korridor entlanglaufe, klingelt mein Handy. Selami. Mein Freund Selami, mit dem ich am Flughafen verabredet war. Der, aus Wut auf Europa, Deutschland den Rücken kehrte und wieder in die Türkei zog. Doppelter Staatsbürger. Entschlossen, ein Leben wie ein doppelt gerösteter Lokum zu führen. Wenn ihn das Chaos in der Türkei erschöpft, ab nach Deutschland. Erzürnt ihn der Rassismus in Europa, geradewegs in die Türkei. Er lebt auf einer der Prinzeninseln. Einen autobiografischen Roman kann er auch vorweisen. *Soluk-suz* lautet der Titel. *Atem-los* auf Deutsch. Doppeldeutig.

Als ich, auf den Spuren von Sabahattin Ali und seiner Heldin Maria Puder, *Der letzte Traum der Madonna* schrieb, brauchte der namenlose Romanheld einen Weggefährten. Da fiel mir Selamis Name ein, und kaum hatte ich den Namen niedergeschrieben, war der Selami der Geschichte zu einem Abbild des echten geworden, dessen, der mich nun anrief. Ein gut aussehender Mann eben, der Raki und lange Gespräche liebt, ein Hitzkopf, auch wenn er sich schnell wieder beruhigt, dessen Hoffnungen unentwegt in der Luft Flügel schlagen.

»Hallo Selami.« Ich bin zwar auf türkischem Boden, aber *Merhaba* kommt mir nicht gleich wieder in den Sinn. »Selami, ich bin unterwegs mit dem Herrn Schalterbeamten. Irgendwohin.«

Der Herr Beamte fällt mir ins Wort: »Ihr Freund soll in der Halle warten. Die Formalitäten hier dauern mindestens eine Stunde.«

»Okay.«

Auf der Polizeistation herrscht ein Tohuwabohu. Wieder einmal hat eine betrügerische Firma anreisende Pilger, die nach Mekka wollten, nach allen Regeln der Kunst betrogen und im Stich gelassen. Jede Menge Pässe fehlen.

Die Beamten sind verdrossen. Einer von ihnen liest den Pilgern die Leviten: »Menschenskinder, hat diese Firma euch nicht schon letztes Jahr im Stich gelassen? Und vorletztes Jahr doch auch, oder? Warum fallt ihr immer wieder darauf rein? *Teyzeciğim,* so 'ne Firma gibt's gar nicht. *Amcacığım,* Onkelchen, euch bleibt nichts anderes übrig, als heimzufahren. *Dedeciğim,* wir können nichts tun.«

Früher war es genauso. Die Pilger blieben immer auf der Strecke.

Der Beamte, der mich hergebracht hat, hat mir zwar mitgeteilt, dass ein Haftbefehl gegen mich vorliegt, doch niemand fühlt sich zuständig. Wenn ich mich mit den angehenden Pilgern davonmachte, würde es niemand bemerken.

Eine halbe Stunde später falle ich schließlich jemandem auf. »Und wieso bist du hier?«

»Weil ich festgenommen wurde.«

»Und wieso?«

»Keine Ahnung. Hat mir niemand gesagt.«

»Gibt's doch nicht, *Kardeşim.* Wirst festgenommen und

weißt nicht, warum. So gebildet, wie du aussiehst. Was bist du denn von Beruf?«

»Schriftsteller.«

»Wenn du einer mit Auszeichnung bist, wie Pamuk, dann gute Nacht!«

Wegen welchen Gesetzesartikels ich gesucht werde, sagt man mir, aber nicht dessen Inhalt. Ich werde in Polizeigewahrsam genommen und eingesperrt, um am nächsten Morgen der Abteilung für Terrorbekämpfung übergeben zu werden. Wenn man einmal von der nach Blut und Eiter stinkenden Decke absieht, ist die Zelle sauber, der Boden mit Laminat ausgelegt, die Wände gestrichen.

Granada, 19. August 2017

4. Kapitel

Die Zelle

Noch bevor ich meinen Fuß auf den Betonboden der Zelle gesetzt hatte, begann die Übelkeit. Eine aus alter, alter Zeit vertraute Übelkeit. Ein beständiger Brechreiz, der sehr, sehr lange zurückreicht. In meine Jugend. 42 Jahre ist es her, dass ich zum ersten Mal in eine Zelle gesteckt wurde. Am 18. Mai 1975.

In meinem Roman *Fasıl* habe ich versucht, diese Erfahrung wiederzugeben. Diesen aus zwei Monologen bestehenden Roman zu schreiben war weit mehr als eine literarische Herausforderung.

2010, als ich beschlossen hatte, in die Türkei zu reisen, hatte mich der Journalist Albrecht Kieser in einem Interview gefragt, welche Wirkung meine deutsch-türkischen Führungen in der früheren Gestapo-Dienststelle, dem heutigen NS-Dokumentationszentrum, in Köln auf mich ausübten. Ich erinnere mich sehr genau an meine Antwort. »Für mich hat dieser Ort nichts Schlimmes mehr«, hatte ich gesagt, »im Gegenteil, es ist ein wunderschöner Ort.« Die Verwandlung des früheren Gewaltortes in eine Gedenkstätte, an der man sich der

Geschichte stellen kann, empfand ich als sehr hoffnungsverheißend.

Als ich später im Radio seine nächste Frage und meine Antwort darauf hörte, befremdete mich die eigene Stimme.

»Hast du jemals darüber nachgedacht, die Tage der Folter aufzuschreiben?«, hatte er gefragt.

»Nein«, hatte ich geantwortet, »ich glaube nicht, dass ich das kann.« In meiner Stimme lag die panische Angst vor dem Thema.

So ein Quatsch, hatte ich vor mich hin gemurmelt, als ich jenen Mann auf WDR 3 hörte, der mit meiner Stimme und in meinem Namen sprach. Jemand, der behauptet, ein Schriftsteller zu sein, kann doch nicht so daherreden.

Dann ließ ich mich von dem Verlangen vorantreiben, dieses Erlebnis, das zu erzählen ich rundheraus abgelehnt hatte, nun doch niederzuschreiben. Ich wollte sicherlich meine eigenen schriftstellerischen Fähigkeiten auf die Probe stellen. Viel wichtiger war aber meine Hoffnung, besser damit umgehen zu können, sollte ich in der Türkei erneut mit Verhaftung und Androhung von Folter konfrontiert werden. Wenn ich in die Türkei wollte, musste ich mich dem Trauma meiner Vergangenheit stellen.

Auch in der Türkei war eine der 68er-Bewegung in Deutschland vergleichbare Entwicklung aufgekommen. Beider Verlauf wies Parallelen auf. In der Türkei hatte sich die Bewegung rapide radikalisiert. Und die Reaktion des türkischen Staates war, verglichen mit der in Deutschland, um einiges heftiger gewesen. Ich war in Istanbul, Schüler der Abschlussklasse des Gymnasiums. Drei Studentenführer, Deniz Gezmiş, Yusuf Aslan, Hüseyin İnan, waren gehängt, ein maoistischer Theoretiker, İbrahim Kaypakkaya, unter der Folter getötet worden. Zehn junge Männer, Che-Guevara-Anhänger, die zur Verhinderung der Vollstreckungen weiterer Todesurteile drei Angehörige einer britischen NATO-Basis entführt hatten, waren bei einer Militäroperation mitsamt ihren Geiseln getötet worden. Alle Hingerichteten beziehungsweise Getöteten waren Studenten der Eliteuniversitäten der Türkei, und wir Gymnasiasten hatten große Mühe zu begreifen, was gerade geschah.

Die Zeitschrift mit dem roten Stern, die ich im Mai 1975 an einem Kiosk kaufte, übte eine ganz besondere Anziehungskraft auf mich aus. »*Amca*«, sagte ich dem Verkäufer, »Onkel, gibst du mir bitte diese Zeitschrift da?«

Das war's. Das war alles. Der Kauf der Zeitschrift jener politischen Gruppe, die inzwischen zu einer nationalistischen, antisemitischen, den Genozid an den Armeniern vehement leugnenden, provokativen Bewegung geworden ist, hat den Verlauf meines Lebens verändert.

Offenbar hatte ein Polizist auf ein Zufallsopfer gewartet. Zunächst wurde ich zur nächsten Polizeistation, dann zur Zentrale der Politischen Polizei gebracht. Elf Tage lang wurde ich vernommen. Ich habe noch immer nicht vergessen, wie groß meine Angst war. Schon damals fand ich keine Erklärung für die Gewalt, die man mir antat. Wenn man mich fragt, war ich ein wissbegieriger Heranwachsender, dessen einziges Vergehen darin bestand, sich von der Anziehungskraft des roten Sterns mitreißen zu lassen, aber die Onkel, die mich verhörten (ja, damals war ich tatsächlich so naiv, diese Erwachsenen als *Amca* zu betrachten, und begriff nicht, weshalb sie mir Gewalt antaten), waren längst davon überzeugt, dass ich mit dem Erwerb jener Zeitschrift den Umsturz der Türkischen Republik beschlossen hatte. Und damit hatten sie nicht nur mich, sondern auch einen Jurastudenten sowie einen Arbeiter aus meinem Viertel, die sie bei der Verteilung von Handzetteln erwischt hatten, unter Folter genötigt, eine illegale Organisation zu sein.

Die Bemühungen meines zehn Jahre älteren Bruders Erdal, meines 2005 verstorbenen Erdal *Abi,* E. B. zu erreichen, um mich vor der Folter zu bewahren, hatten nicht gefruchtet. E. B. hatte als Erster aus unserem Dorf ein Jurastudium abgeschlossen und arbeitete als Hauptkommissar auf dem Polizeipräsidium. E. B. hatte mir die Folter nicht ersparen können. Bis ihn die Nachricht meines Bruders erreichte, hatte man meinen Kopf, in einem Nebenraum zu seinem Büro, wieder und wieder gegen die Wand geschmettert.

Ende der Achtzigerjahre las ich beim Blättern einer ebenfalls als gefährlich deklarierten Zeitschrift ein Interview mit jenem E. B.

»Gab es in Ihren Dienstjahren ein für Sie unvergesslich gebliebenes Ereignis?«, wurde er gefragt.

»Ja«, antwortete er, »die Tatsache, dass der Sohn meines Lehrers in einem Nebenraum zu meinem Büro misshandelt wurde und ich nichts hatte tun können.« Und dass er sich schuldig fühle.

Dabei hatte er, abgesehen davon, dass mein Vater sein Grundschullehrer gewesen und er weitläufig mit mir verwandt war, nicht das Geringste mit dem Vorfall zu tun. Er war lediglich zur falschen Zeit im falschen Gebäude im falschen Büro gewesen.

»Wir reden zwar von Recht und Gerechtigkeit«, fuhr er im Interview fort, »doch in diesem Land gibt es keine Gerechtigkeit. Mein Vertrauen in dieses System jedenfalls ist an jenem Tag erschüttert worden, an dem der Sohn meines Lehrers gefoltert wurde.«

Nach der Lektüre des Interviews fühlte ich eine merkwürdige Erleichterung, denn ich konnte nun sicher sein, dass das, was mir zugestoßen war, kein Hirngespinst war.

Als ich Dezember 2010 freigelassen wurde, rief E. B. mich an. Wir trafen uns. Ich erfuhr, dass er etwa zur Zeit des Interviews den Polizeidienst quittiert und seitdem als Anwalt gearbeitet hatte. Nun war er Pensionär. Ein leidenschaftlicher Sozialdemokrat, der schon damals mit deutlichen Worten davor warnte, dass Recep Tayyip Erdoğan das Land in eine Katastrophe stürzen würde. In Istanbul wurden wir Ende Dezember 2010 gemeinsam als Redner zu einer Podiumsveranstaltung eingeladen. Es war eine denkwürdige Zusammenkunft. Wir offenbarten unserer beider Erinnerungen. E. B. hatte sein Trauma, das uns fürs ganze Leben miteinander verband, noch immer nicht verarbeitet, und schon bei seinem ersten Satz darüber konnte er die Tränen nicht zurückhalten. Ich kann gar nicht anders, ging mir durch den Kopf, als dieses Land, in dem Menschen wie er lebten, zu lieben.

Meine Abscheu vor Gefängniszellen begann an jenem Tag im Jahr 1975, als ich in eine Zelle des Polizeipräsidiums in Istanbul-Gayrettepe gesteckt wurde. Nach den Misshandlungen im Nebenraum von E. B.s Büro in einem der oberen Stockwerke des Gebäudes, im Zimmer des Vernehmungschefs, brachte man mich ins Kellergeschoss, ohne Tageslicht, mit Dauerbeleuchtung in den Gängen. Was dort geschah, brauche ich nicht in allen Einzelheiten zu erzählen. Die Zellentür hatte kein Gitter. Eine Stahltür aus einem Stück. In der hintersten Ecke der Zelle, in die ich hineingestoßen wurde, sah ich eine Decke. Als die Tür laut hinter mir zufiel, stand ich in absoluter Finsternis. Eine ganz andere, nie zuvor erlebte Finsternis. Eine Dunkelheit, die einem die Orientierung nimmt und den Boden, auf den man tritt, unter den Füßen wegreißt. Das Beben meines Körpers konnte nicht von der Kälte herrühren, sondern nur von der Angst. Da erlebte ich zum ersten Mal, dass sich in der Zelle das Zeitgefühl verändert. Die Zellenwand musste von Schimmel aufgequollen sein. Als ich zur Toilette geführt wurde, hatte sich schimmeliger Kalk unter meinen Fingernägeln festgesetzt. Die Decke, die ich im Dunkeln ertastete, um mein Zittern in den Griff zu bekommen, roch durchdringend nach Blut, Schimmel, Exkrementen und den Ängsten meiner Vorgänger. Ich erbrach mich.

Die Zelle, in die ich 2017 in Granada gesteckt wurde, war nicht finster. Die Decke war sauber. Dennoch gelang es mir nicht, den Brechreiz zu unterdrücken. Manchmal ist der Verstand eben machtlos angesichts von Gefühlen und Erinnerungen. Mir war bewusst, dass ich in Spanien war. Mir war bewusst, dass die Folter in diesem Land genauso der Vergangenheit angehörte wie der Caudillo. Dass die Polizisten meine Muttersprache nicht sprachen, war ein handfester Beweis dafür, dass ich nicht in der Türkei war. Warum also die Übelkeit? Sie meldete sich jedenfalls und blieb, bis ich am nächsten Tag in Madrid dem spanischen Richter vorgeführt wurde.

Die Zelle in Granada wies, verglichen mit der Istanbuler, eine weitere Besonderheit auf. In ihr befand sich eine Toilette. Gleich neben der Betonpritsche zum Sitzen oder Schlafen. Waschbecken und Toilette aus Stahl bildeten eine Einheit, waren aus einem Stück. Wenn man am Wasserhahn drehte, lief Wasser. Gut. Man konnte sich also Hände und Gesicht waschen. So weit alles klar. Aber wie zum Teufel betätigte man die

Toilettenspülung? Kein Knopf, kein Hebel, nichts zum Abziehen. Eine derart verwirrende Vorrichtung, dass es unmöglich war, ihr das Geheimnis zu entlocken.

Hin und wieder warf einer der Polizisten einen flüchtigen Blick durch die Gitter. Die wollen sichergehen, dass ich mir nicht das Leben nehme, ging es mir durch den Kopf, und ich musste trotz der Übelkeit lächeln. Ein Kaffee könnte jetzt all meinen Widerwillen vertreiben.

In Granada angekommen, hatte ich mich bemüht, mir, als ein Gebot der Höflichkeit gewissermaßen, ein paar Brocken Spanisch anzueignen. So lebenswichtige Wörter wie *bitte, Kaffee, Tee, Bier* und *Hilfe.* In der Zelle jedoch nutzten mir diese lebenswichtigen Begriffe nicht im Geringsten. Na ja, es war mir immerhin gelungen, Wasser zu bekommen, aber irgendwie konnte ich niemand dazu bringen, mir eine Tasse Kaffee zu geben. Immer wenn ich Schritte hörte, schickte ich Bittrufe zur anderen Seite des Gitters: *Señor, un café solo, por favor!* Weil ich Milchkaffee verabscheue, hatte das Wörtchen *solo* große Bedeutung. Es erwies sich jedoch nicht als nützlich. Es war herzlos, mich nicht verstehen zu wollen. Sie murmelten irgendetwas vor sich hin, und ich begriff, dass es ausgeschlossen war, ihnen einen Kaffee abzuluchsen.

Dann nahm man mir noch einmal Fingerabdrücke ab. Am Computer. Ich kann nicht sagen, dass es ein allzu glückverheißender Vorgang war, nach der analogen Registrierung nun auch die digitale zu erhalten.

Eine Stunde später, vielleicht auch fünf, ich vermag es nicht zu sagen, wurde ich gefragt, ob ich einen deutsch- oder türkischsprachigen Dolmetscher wolle. Da dämmerte es mir. Seit meiner Festnahme hatte ich den Satz *I'm German* bis zum Überdruss wiederholt. Woher wussten sie, dass ich Türkisch konnte? Die Türkei würde mir also erneut das Leben schwer machen, das war klar. Ich entschied, dass es sich angesichts der Tatsache, aus der türkischen Staatsbürgerschaft entlassen worden zu sein, nicht schickte, einen türkischsprachigen Dolmetscher zu fordern, auch wenn man türkischer Schriftsteller war. Ich verlangte einen deutschen Dolmetscher.

Eine Stunde später, vielleicht auch fünf, ich vermag es nicht zu sagen, wurde ich von einem Zuständigen in Zivil zu einem Zimmer in den oberen Stockwerken des Gebäudes begleitet. Eine zierliche, kleine Person sagte in deutscher Sprache, dass sie Dolmetscherin sei. Ein Mann meines Alters und meiner Statur, bloß der Kopf ein wenig größer als meiner, sagte, er sei Anwalt. Endlich erfuhr ich den Grund meiner Verhaftung. Auf Geheiß der Türkei hatte man mich festgenommen. Die Einzelheiten würde ich später erfahren. Man legte mir einen Text vor, in dem meine Rechte aufgelistet waren. Ich las ihn durch. »Alles klar«, sagte ich, »ich hab's verstanden.«

Aber damit gaben sie sich nicht zufrieden. Die Dolmetscherin verlas den Text noch einmal. Ob ich etwas sagen wolle, wurde ich gefragt.

»Einen Kaffee, bitte«, sagte ich.

Sie sahen mich erstaunt an. Der Mann in Zivil entgegnete, sie seien nicht befugt, mir einen Kaffee zu geben. Wasser schon. Ich lehnte heftig ab. »Kein *agua! Un café solo*«, sagte ich. Aber ich bekam keinen Kaffee. Das nahm ich ihnen krumm.

Als der Anwalt sagte, dass ich am nächsten Tag in Madrid dem Richter vorgeführt würde und dass mein deutscher Anwalt auf dem Weg nach Madrid sei, wurde mir ganz seltsam. Peri hatte also gleich nach meinem Abtransport Ilias angerufen, und der hatte sich auf der Stelle ein Ticket nach Madrid besorgt. Ich wünschte, ich könnte meine Freude in diesem Augenblick aufs Genaueste wiedergeben, aber diese Nachricht war so unerwartet, so glückverheißend, dass ich ein Dichter vom Kaliber eines Roberto Bolaño hätte sein müssen, um sie beschreiben zu können. Roberto Bolaño, dessen grandiosen letzten Roman ich auf meine Reise nach Granada als Inspirationsquelle mitgenommen hatte. Was der Name Ilias bedeutet, wusste ich nicht, aber in diesem Augenblick hatte er eine einzige Bedeutung: *Hoffnungsstrahl.*

Anschließend wollte man einen DNA-Test durchführen. »Meine DNA kriegt niemand«, sagte ich mit Entschiedenheit. Auch die Anmerkung des Anwalts, es sei reine Routine, konnte mich nicht umstimmen. Der Wunsch der Türkei, mich verhaften zu lassen, war schließlich kein ausreichender Grund für einen DNA-Test. Wir werden Sie selbstverständlich nicht zwingen, wenn Sie es nicht wollen, sagte der in Zivil. Anschließend wurde ich gefragt, ob ich eine Aussage machen wolle. Wenn ich also am nächsten Tag vor dem Richter stehen und Ilias Uyar bei mir sein würde, sollte ich mich hier und jetzt nicht verausgaben, entschied ich. Sie schienen mir ohnehin nicht besonders erpicht darauf zu sein. Ich hatte eher den Eindruck, dass sie mich so bald wie möglich loswerden wollten.

Als der in Zivil fragte, mit wem ich das mir zustehende Telefongespräch führen möchte, sagte ich: »Peri. Ich möchte meine Lebensgefährtin sprechen.«

»Bitte sehr«, sagte er sofort. Aber mein Handy war ja beschlagnahmt worden, und die Zeiten, als man Telefonnummern noch auswendig lernte, waren lange vorbei. Keine Ahnung, wo sie es hingetan hatten. Es dauerte jedenfalls eine Weile, bis sie es mir brachten. Ich rief Peri an. Gleich beim ersten Klingeln ging sie dran.

»Hallo.«

»Hallo Peri«, sagte ich. »Stimmt es, dass Ilias nach Madrid kommt?«

»Ja. Ich hab ihn angerufen, als sie dich wegbrachten. Nicht nur, dass er schon ein Ticket nach Madrid hat, er hat auch die Presse und das Außenministerium auf den Plan gerufen. Deine Verhaftung ist die Top-Nachricht in Deutschland. Du brauchst keine Angst zu haben. Deutschland steht hinter dir. Die können dich nicht an die Türkei ausliefern!«

»Wie bitte? Es geht allen Ernstes darum, mich an die Türkei auszuliefern?«

»Was dachtest du denn? Gibt es deiner Meinung nach eine andere Erklärung für deine Verhaftung?«

»Mensch, ich bin doch Europäer. Wo wollen die mich denn hinschicken?«

»Wie bitte?«

»Wie kann Spanien einen Europäer an ein anderes Land ausliefern? Das muss doch gegen europäische Grundsätze verstoßen.«

Peri schwieg lange. Um nicht sagen zu müssen: »Red keinen Unsinn!«

9. August 2010, Istanbul

5. Kapitel

Die Bosporusbrücke

Unerwartete Ereignisse können einem auf den Magen schlagen. Unmittelbar nach der Landung in eine Zelle gesteckt zu werden war keineswegs ein erfreulicher Empfang, aber noch war ich nicht von Übelkeit befallen. Meine Seele und mein Leib waren auf die Möglichkeit vorbereitet, erneut Bekanntschaft mit solch einem Ort zu machen.

Von der Polizeistation am Flughafen war ich, bevor ich in die Zelle gesperrt wurde, zur medizinischen Kontrolle in ein Krankenhaus gebracht worden. Die Ärztin hatte die beiden mich begleitenden Polizisten resolut hinausgebeten. Eine junge, sehr selbstbewusste, vertrauenerweckende Frau mit blonden Locken. Während die Polizisten vor dem Untersuchungszimmer warteten, fragte sie mich, ob ich gefoltert worden sei.

»Nein«, erwiderte ich, »ich bin ja erst eine Stunde hier.«

»Sollte man Sie misshandelt haben, können Sie es mir ruhig sagen. Wurden Sie beispielsweise bedroht?«

»Nein«, sagte ich noch einmal.

Trotzdem wollte sie, dass ich mich ausziehe. Hätte sie irgendwelche Spuren an meinem Körper entdeckt, hätte sie dies in ihrem Bericht vermerkt. Am Fuß und am Rücken hatte ich Ekzeme. Sie fragte nach der Ursache der bläulichen Flecken.

»Chronisches Ekzem«, sagte ich, »taucht auf, wenn ich unter Stress stehe.«

Als von den Moscheen Istanbuls der Ruf zum Morgengebet erklang, kehrten wir zurück. Selami harrte immer noch vor der Polizeistation aus. Man erlaubte uns, am Eingang zu rauchen. Selami sagte mir, es gebe keinen Grund zur Sorge oder Angst. Ich solle einen Anwalt verlangen, falls man mich vernehmen wolle. Dass ich Anrecht auf einen hätte.

»Mach keine Scherze, Selami«, sagte ich.

»Nein, ich mach keine Scherze«, erwiderte er. »Die Türkei hat bezüglich Folterprävention große Fortschritte gemacht. Deshalb hat man dich ja zum Arzt gebracht.«

Die Beamten sagten, die Formalitäten seien so weit abgeschlossen und Selami solle am nächsten Tag um acht Uhr wiederkommen. Man ließ zu, dass ich Selami meinen Rucksack mit etwas Wäsche, einigen Kleidungsstücken, ein paar deutschen Büchern sowie einem kleinen Notebook übergab.

Nach Leibesvisitation und Toilettengang wurde ich in die Zelle gesperrt. Handy, Gürtel und Schuhe waren beschlagnahmt. Ich bekam Schlappen. An die Brille auf meiner Nase hatten sie nicht gedacht. Als es taghell wurde, war ich immer noch wach, verspürte aber keine Lust, in der Gewahrsamszelle ein paar Runden zu drehen. Ein leichter Schwindel meldete sich. Ich schloss hin und wieder die Augen und dachte an meine Tochter, meinen Sohn, an die geliebten Menschen, die ich in Deutschland zurückgelassen hatte.

Schließlich wurde die Tür aufgeschlossen. Man brachte

mich erneut zur Untersuchung. In dasselbe Krankenhaus. Zwei ärztliche Untersuchungen innerhalb von einigen Stunden. Das kam mir reichlich übertrieben vor. Ich fragte nach dem Grund.

»So will es das Gesetz«, antwortete der Polizeibeamte. »Die erste Untersuchung bei der Festnahme, um Ihren Gesundheitszustand festzustellen. Diese zweite als Nachweis dafür, dass Sie hier bei der Aufnahme nicht misshandelt wurden.«

»Ein Hoch auf die Kopenhagener Kriterien«, sagte ich zum Scherz, erntete aber nur einen mürrischen Blick des Polizisten.

An diesem Tag wurde ich genau sechs Mal untersucht! Derart übertrieben wurden die von der EU von beitrittswilligen Ländern geforderten Kopenhagener Kriterien zur Folterprävention angewandt. Ob das immer noch der Fall ist, kann ich nicht einschätzen. Nach dem Putschversuch vom 15. Juli 2016 sickerten Informationen aus den Gefängnissen nach draußen, denen zufolge gegenwärtig insbesondere hochrangige Offiziere weitaus schwererer Folter ausgesetzt sind, als es unter dem Militärregime von 1980 der Fall war. Nach spärlichen Aussagen einiger Gefängniswärter sollen sogar kaltschnäuzige Häftlinge zur Vergewaltigung von Kommandanten vom Range eines Generals, Obersten oder Hauptmanns *angeheuert* worden sein. Alles nur Gerüchte, könnte man sagen und es beiseiteschieben.

Auch den nach dem Putsch vom 12. September 1980 kursierenden Gerüchten, vier männliche Studenten seien in Trabzon in Polizeigewahrsam brutal vergewaltigt worden, hatten wir zunächst keinen Glauben schenken wollen. Es hatte nicht viel gefehlt, und ich hätte einer von ihnen sein können. Am Morgen des Putsches war ich nur deshalb einer Verhaftung entgangen, weil ich nicht auf dem Campus der *Trabzon Üniversitesi* übernachtet hatte.

Der Vorfall, den Erbil Tuşalp in seinem Buch *Bin Tanık*

(Tausend Zeugen) dokumentierte, hatte mich bei der Lektüre derart in Angst und Schrecken versetzt, dass ich ihn sowohl in meiner Trilogie *Die verschwundenen Meere* als auch in *Fasıl* thematisierte. Die vier verhafteten Studenten waren an einen abgelegenen Ort an der Küste, zwischen Trabzon und der Kreisstadt Akçaabat, gebracht worden, in die Räume der Verkehrsbezirksleitung, die nun als Folterzentrale diente. Im wasserdichten Kellergeschoss, das teilweise unter dem Meeresspiegel lag, befanden sich die Folterräume. Später wurden die Studenten bewusstlos ins Trabzoner Militärkrankenhaus eingeliefert. Der untersuchende Militärarzt, ein Major, hinderte die Polizisten daran, einen gefälschten Bericht anzufertigen. Sein Befund lautete: »Es wurden im Bereich des Anus Ekchymosen festgestellt, die durch gewaltsames Einführen eines Penis oder eines Gegenstandes, Schlagstock oder Knüppel etwa, hervorgerufen wurden.«

Im viele Jahre später eröffneten Prozess wurden neben dem Militärarzt auch ein Wachmann der Verkehrsbezirksleitung, ein an der Folter persönlich beteiligter Polizeibeamter sowie das Krankenhauspersonal als Zeugen angehört. Der Militärarzt wiederholte seine Aussage: »Etwas derart Barbarisches könnte man nicht einmal Tieren antun, Herr Richter!« Der Polizeibeamte, sowohl Zeuge als auch Angeklagter im Prozess, hatte vor Gericht ausgesagt, dass er seit jener Nacht kaum schlafen könne und, wenn doch, ihm im Traum die von ihnen misshandelten Studenten erschienen und ihn mit einer Mischung von Abscheu und Mitleid ansahen und dass er seine Albträume loswerden und sein Gewissen erleichtern wolle.

Der zuständige Militärstaatsanwalt hatte im Rahmen der Ermittlungen auch die Folterstätte aufgesucht und alle Räume des dreistöckigen Gebäudes persönlich inspiziert. Als er am

Eingang zum Kellergeschoss an der Betonwand getrocknete Blutflecken entdeckte, hatten die anwesenden Polizisten behauptet, es müsse sich um Blut handeln, das von häufig dort abgestellten Sardellenkisten getropft sein müsse, hatten aber nicht verhindern können, dass eine Blutprobe genommen und ins Labor geschickt wurde.

Trotz aller Bemühungen des Militärstaatsanwalts ging der Prozess mit einem Freispruch für die Folterer aus.

Hals über Kopf verließ ich 1980 Trabzon. Nach dem Putsch waren alle politischen Parteien, Gewerkschaften und Vereine verboten, fast alle meiner Kommilitonen verhaftet worden. Wer noch auf freiem Fuß war, wurde aufgefordert, sich zu stellen. Mitglieder von Gewerkschaften und Vereinen, die nicht wussten, ob sie gesucht wurden, folgten dem Aufruf ihrer Vorstände und bildeten lange Schlangen vor den Polizeibehörden, um sich gemeinsam zu stellen. Die radikalen linken Gruppen folgten dem Aufruf nicht. Allerdings wurden diese Organisationen, die über eine nicht unerhebliche Unterstützung aus der Bevölkerung verfügten, innerhalb von vier Monaten zerschlagen. Wer der Verhaftung entkommen war, hatte in Großstädten und in der Provinz kleinere Gruppen gegründet und begonnen, heimlich Flugblätter gegen die Junta zu drucken und zu verbreiten.

In Trabzon waren wir eine Handvoll Studenten und Lehrer, die noch auf freiem Fuß waren. Wir waren eher ums Überleben bemüht, als dass wir uns politisch betätigten. Man kannte mich an der Fakultät, also war ich auch für die Polizei kein unbeschriebenes Blatt. Daher hielt ich es für klug, mir am zweiten Tag nach dem Putsch einen gefälschten Ausweis zu verschaffen. Die Informationen dazu erhielt ich von einem Freund, dessen Vater Gemeindevorsteher war. Er ließ mir das entwendete Dienstsiegel des Vaters sowie die ebenfalls entwendeten Personalien eines seiner in Istanbul lebenden Verwandten zukommen, mit deren Hilfe wir ein Dokument fälschen konnten, mit dem ich mir beim Meldeamt einen echten Personalausweis ausstellen lassen konnte. Das war auch der Ausweis, den ich ein Jahr später bei einer mir heute noch unerklärlichen Stürmung der Wohnung bei mir hatte, in der ich untergetaucht war. Diese Nacht, in der die Polizei die Wohnung stürmte, verwandelte ich in *Tage ohne Vater* in eine amüsante Szene.

In der Tat war das, was im Buch dem Musiker namens *Mehmet Nazım* zustieß, Ende 1981 mir widerfahren. Vor meiner Abreise aus Trabzon war ich zufällig einem Freund begegnet, einem Lehrer, der mir eröffnete, er sei in Not und brauche dringend einen neuen Personalausweis. Ich hatte keine Wahl. Zu jener Zeit war es nicht schwierig, einen gefälschten Ausweis anzufertigen. Zum Ausfüllen von Personalausweisen wurden Füller benutzt. Wir löschten die Schrift mit Wäschebleiche und überschrieben sie auf der Schreibmaschine. Wichtig war, dass die Personalien nicht ausgedacht waren. Für meinen Freund trug ich Ahmets Personalien aus meinem gefälschten Ausweis ein und beschwor ihn, den von mir ausgestellten Ausweis bei allernächster Gelegenheit auszuwechseln. Er hielt sich nicht daran. Der wahre Ahmet war inhaftiert. Als der dritte Ahmet, der Lehrer, einige Jahre später gefasst war, wurde es dem vernehmenden Beamten zu viel: *Ihr Schwuchteln,* hatte er gebrüllt, *gibt es in dieser verdammten Organisation keinen anderen, dessen Ausweis ihr benutzen könnt?*

Gegen den wahren Ahmet, der ohnehin im Gefängnis saß, wurde in diesem Fall nicht ermittelt, weil er uns nicht kannte, sodass er auch von Folter verschont blieb. Die Stimme des später gefassten Ahmet, des Lehrers, sollte ich am 9. August 2010, kurz bevor ich dem Richter vorgeführt wurde, wieder hören. Er hatte über Selami erfahren, was mir zugestoßen war, und mich angerufen, um mich seines Beistands zu versichern.

Selami blieb bis zum frühen Morgen am Flughafen. Als ich von der Untersuchung zurückgebracht wurde, war es acht Uhr vorbei. Die Beamten der Terrorbekämpfung waren bereits am Flughafen eingetroffen, um mich mitzunehmen. Ein Tag von unerträglicher Hitze kündigte sich an. Ein Mann in Zivil, eine auffallende Erscheinung, musterte mich mit äußerst gefährlichen Blicken und streckte mir die Hand entgegen:

Willkommen in der Türkei!

Ein höflicher, aber auch drohender Empfang. Derselbe Satz, mit dem PKK-Führer Abdullah Öcalan 1999 nach seiner Verhaftung in Kenia, im Privatflugzeug eines Geschäftsmannes, von dem Kommandanten einer Spezialeinheit begrüßt worden war:

Willkommen in der Türkei!

Das Lächeln, das über mein Gesicht huschte, muss eher ein Grinsen gewesen sein. Ich nahm die ausgestreckte Hand in meine und sagte Danke. Ich muss gestehen, dass mir ein wenig mulmig wurde. Wir mussten nicht noch einmal ins Gebäude. Das Übergabeprotokoll wurde dem Teamchef, ich war demnach vom Hauptkommissar willkommen geheißen worden, in die Hand gedrückt.

»Doğan«, rief mir Selami zu, »es sollte dich nicht beunruhigen, dass die Herren Beamten von der Terrorbekämpfung sind. Vergiss nicht, einen Anwalt zu verlangen.«

Wir machten uns auf den Weg. In einem Kleinbus. Sie waren zu siebt. In Zivil, aber letztlich müssen sie ja bewaffnet gewesen sein. Ob sie ihre Pistolen unter den Hemden trugen? Sie waren Tötungsexperten. Es war heiß. Die Straßen dunsteten nach Einsamkeit. Von den Geschäftsgebäuden in der Umgebung, den Wohnhäusern, den zwischen Wohngebäuden eingezwängten handtuchbreiten Grünanlagen, den immer dichter, immer zähflüssiger werdenden Wagenkolonnen, den rapide anwachsenden Menschenmassen, den von jedem Hügel herabwehenden türkischen Flaggen peitschte mir *Einsamkeit* entgegen. Man hatte mir gestattet, während der Fahrt zu rauchen.

Der neben dem Fahrer sitzende und mich an einen überaus verwegenen Istanbuler Freund erinnernde Hauptkommissar sagte, als wir über jene Brücke fuhren, die den Namen des Sultans trägt, der Konstantinopel eingenommen hat, Fatih Sultan Mehmet: »Fahr langsamer. Unser Gast soll den Anblick unseres schönen Bosporus genießen.«

Ich betrachtete das grüne Tal, das sich zum Schwarzen Meer hin erstreckte. Ich wurde von einer solchen Wehmut ergriffen, dass mir der grandiose Anblick des Bosporus wie das Hässlichste auf der Welt erschien. Der Lyriker Gerrit Wustmann aus Köln hätte ihn bestimmt *grüne Einsamkeit* genannt.

Vor einiger Zeit hatte ich mir Fatih Akıns Film *Crossing the Bridge – The Sound of Istanbul* angeschaut. Da ist eine Szene im Film, in der Aynur Doğan im Hamam *Ahmedo* singt. Jedes Mal, wenn sie auf Kurdisch *Liebster* sagte, ließ das Heimweh, das mich packte, die Gewissheit unerträglich werden, solch eine Stadt verloren zu haben. Als der *Selim-Sesler-Chor* auftrat und ein Sinti-Liebeslied mit Klarinettenbegleitung zum Besten gab, erbebte ich bis ins Mark und erkannte, dass ich nicht länger würde von meinem Istanbul getrennt sein können. Ich hielt es im Kino nicht aus und irrte durch die Straßen. Meine Kleider nass, meine Augen feucht. Bei Sonnenuntergang tauchte ein Schatten vor mir auf. Ein Schatten, der mir zuraunte, es sei die Zeit gekommen, in die Stadt zurückzukehren. Ein Schatten, der Wehmut verstreute.

Nachdem ich auf der Fatih-Brücke in Fatihs Film eingetaucht war, hatten wir das Antiterrordezernat in Aksaray erreicht. Der Wagen wurde mit Detektoren untersucht. Wir fuhren in eine Tiefgarage. In Begleitung der Beamten stieg ich einige Stockwerke hoch und wurde in ein Zimmer geführt. Auf einem der beiden Tische stand ein Vogelkäfig. Nachdem die Polizisten ihre Waffen aus dem Halfter genommen und in die Schubladen des abschließbaren Schranks gelegt hatten, gingen sie hinaus. Für eine kurze Zeit war ich allein im Zimmer.

Dann trat ein junger Mann ein. Während er an einem Wasserspender neuesten Modells einen Plastikbecher mit Wasser füllte, trafen sich unsere Blicke. Ich lächelte.

»Möchtest du Wasser?«, fragte er.

»Ja, danke«, antwortete ich.

»Warum bedankst du dich?«, fragte er, während er meinen Becher füllte.

»Weil Sie mir Wasser anbieten.«

Ohne Erwiderung verließ er den Raum. Einige Minuten später war er wieder da. »Rauchst du?«, fragte er diesmal.

»Ja.«

»Dann komm, lass uns im Treppenhaus eine rauchen.«

Wir stellten uns zu den drei oder vier Rauchern.

»In all den Jahren«, sagte er, »hat sich bei mir kein Einziger von denen, die ich festgenommen habe, bedankt. Die meisten schweigen oder schmettern ihre Parolen oder beschimpfen uns. Ich meine, wir sind einander von Anfang an spinnefeind. Die Terroristen und wir.«

Er erzählte viel von sich. Eigentlich war er Verkehrspolizist. Um nicht in Versuchung zu kommen, Bestechungsgelder anzunehmen, war er auf eigenen Wunsch zum Antiterrordezernat gewechselt, auch wenn es ein gefährlicher Job war. Er wollte seinem Gewissen treu bleiben. Hätte er Familie und Kinder, wäre er vielleicht bei der Verkehrspolizei geblieben und hätte mit dem Zubrot durch Schmiergelder ein sorgloses und glückliches Familienleben geführt. Anfangs habe er die Terroristen gar nicht als Feinde betrachtet, vielmehr habe er daran geglaubt, dass er ihnen durch seine Tätigkeit helfen, ja, ihnen in ein normales Leben zurückhelfen könne. Als er jedoch gesehen habe, dass es als Dank nur Beschimpfungen gab, ganz gleich, ob man sie anständig oder schlecht behandelte, da habe er begonnen, die Terroristen als Feinde zu betrachten.

Als wir ins Zimmer zurückkehrten, forderte mich jemand auf mitzukommen. Der Dezernatsleiter, wie ich im weiteren Verlauf herausbekommen sollte. Wir gingen in sein Büro. Ein Tisch, ein Beistelltisch, zwei Sessel standen darin, und eine Wand des Raumes war voll mit Büchern über Marxismus und Linksradikalismus.

Er war der Erste, der fragte, ob ich schon gegessen hätte.

»Nein«, antwortete ich.

Was ich denn gern hätte.

»Lahmacun und Ayran wären gut«, entgegnete ich.

Er bestellte. *»Efendim«,* sagte er, »ich habe die Unterlagen eingesehen. Bei uns, im Antiterrordezernat, liegt kein Vermerk über Sie vor. Offen gesagt, wir als Dezernat suchen Sie nicht. Wir können nicht mehr tun, als Sie der Staatsanwaltschaft zu übergeben. Die Organisation, deren Mitgliedschaft Ihnen zur Last gelegt wird, existiert seit 20 oder 25 Jahren nicht mehr. Selbst wenn sie existierte oder selbst wenn wir annähmen, dass Sie Mitglied einer anderen Organisation sind, müsste angesichts der Tatsache, dass Sie aus freien Stücken zurückgekehrt sind, sich also gewissermaßen gestellt haben, das Verfahren gegen Sie eingestellt und Sie freigesprochen werden. Es dürfte sich um etwas Harmloses handeln. Wahrscheinlich gibt es irgendwo eine frühere Aussage gegen Sie.«

»Seit wann werde ich offiziell gesucht?«, fragte ich.

»Seit 2008«, sagte er.

Das Datum war nicht nachvollziehbar. Ich hatte die Türkei Ende 1991 verlassen. Ich konnte mir keinen Reim darauf machen, dass der Fahndungsbeschluss siebzehn Jahre später erlassen worden war. Weil aber in der Türkei allerhand Unbegreifliches stattfand, zerbrach ich mir darüber nicht weiter den Kopf.

Lahmacun und Ayran wurden gebracht. Als ich mit dem Essen fertig war, fragte mich der Dezernatsleiter, wie die Türkei aus deutscher Sicht beurteilt werde. Ich sagte ihm, dass man seit fünf Jahren einen positiven Eindruck habe, was auch meiner Einschätzung entspreche. Ein zufriedener und stolzer Ausdruck erhellte sein Gesicht.

Die gegenwärtige gute Behandlung bei der Politischen Polizei, deren Name früher reichte, um uns bis ins Mark schaudern zu lassen, und die erkennbare Veränderung im Verhalten der Beamten schienen in der Tat zu bestätigen, dass dieser Eindruck so falsch nicht sein konnte. Doch die Erfahrung der Jahre bewahrte mich davor, ein voreiliges Urteil zu fällen. Schließlich erlebten wir in der Türkei zu oft hoffnungsvolle Ansätze, um anschließend in unseren alten Zustand zurückzufallen.

Das Gespräch war beendet. Ich wurde in das Zimmer mit dem zwitschernden Wellensittich zurückgebracht und gebeten zu warten. Zwei Beamte im Alter meines Sohnes sollten auf mich achtgeben. Der eine, der auch vom Flughafen hierher mitgefahren war, sagte, als er erfuhr, dass ich neben Romanen auch Drehbücher schreibe: »*Dayı,* ich hab auch schon daran gedacht, ein Drehbuch zu schreiben. Ich werd schreiben, wie man uns in der Terrorbekämpfung ausbeutet.«

Im Kleinbus hatte er neben mir gesessen. Ich erinnerte mich, dass ich in seinem Blick Mordbereitschaft zu sehen geglaubt hatte. Wie alle jungen Polizeibeamten bei der Terrorbekämpfung sprach er mich nicht mit *Doğan Bey* an, sonder mit *dayı,* Onkel.

»Wäre das nicht gefährlich für euch?«, fragte ich.

»Ach wo, *dayı!* Ist doch wahr! Seit gestern Nacht haben wir kein Auge zugetan. Das schreib ich alles auf. Wort für Wort! Erzähl doch mal, *dayı,* wie geht denn das eigentlich? Nur so, zum Zeitvertreib!«

»Stell dir vor«, sagte ich, »dass du einem Blinden eine Geschichte erzählst. Ich mach jetzt mal die Augen zu. Und du fängst damit an zu beschreiben, was sich alles im Raum befindet, welche Personen da sind und was sie tun.«

Ich schloss die Augen. Der Beamte beschrieb den Raum. Zwei Tische, auf dem einen ein Computer, auf dem anderen der Vogelkäfig. An der Seitenwand der Waffenschrank. Zwei bewaffnete Beamte. Eine verdächtige Person.

Bis ich dem Richter vorgeführt wurde, setzten wir den Schnellkurs im Drehbuchschreiben fort. Auf einem Blatt Papier skizzierte ich ihm sogar, wie der Text aufzubauen ist. »Das ist ja einfach«, meinte er. Sein Kollege, der mich distanzierter behandelte, nannte ihn fortan *Drehbuchschreiber.*

Haydar Erol, ein Freund aus der Studienzeit, Chemiker und Anwalt von Beruf, war, wie ich später erfuhr, zu dieser Zeit im Urlaub. Als ihm zu Ohren kam, dass ich am Flughafen in Polizeigewahrsam genommen worden war, informierte er auf der Stelle seine Istanbuler Anwaltskollegin Sennur Baybuğa. Jahre später schrieb Sennur Baybuğa in ihren Erinnerungen über jenen Tag:

»Vor genau drei Wochen wurde ich, eine Istanbuler Anwältin mit gebrochenem Fuß und deshalb trotz Gerichtsferien in der Stadt, auf dem Weg zum Physiotherapeuten von einem lieben Kollegen aus dem Urlaubsort angerufen, als ich gerade in Kabataş die Inselfähre verlassen hatte. Ein Bekannter aus früheren Zeiten sei am Flughafen in Polizeigewahrsam genommen worden und ob ich ihm den Gefallen tun könnte, mich bis zu seinem Eintreffen in einigen Tagen um ihn zu kümmern. Geht klar, sagte ich.

Einige Telefonate später hatte ich in Erfahrung gebracht, dass sich die betreffende Person beim Antiterrordezernat auf dem Polizeipräsidium befand. Dort wurde ich am Eingang des Dezernats von Selami erwartet, einem anderen Freund des künftigen Mandanten, der in der Türkei lebte und zum Flughafen gefahren war, um den seit Jahren im Ausland lebenden Freund abzuholen. In der Amtsstube sagte man uns, die Person werde dem Richter vorgeführt. Was genau los war, erfuhren wir nicht. So machte ich mich, so schnell ich eben mit dem gebrochenen Fuß konnte, auf den Weg zur Großen Strafkammer, die sich zu jener Zeit in Beşiktaş befand. Als ich erfuhr, dass die betreffende Person dem Haftrichter der 10. Großen Strafkammer in Istanbul vorgeführt werden soll, begab ich mich zum Richterzimmer im dritten Stock.

Auf dem Korridor sah ich zwischen zwei Polizisten in Zivil einen winzigen Mann mit Brille stehen, der eine halb leere Wasserflasche in der Hand hielt. Da Polizisten wohl kaum so schmächtig und so abgerissen sein konnten, musste das die betreffende Person sein, schloss ich. Ich ging auf ihn zu und fragte nach seinem Namen, sodass die betreffende Person zu Doğan

Akhanlı wurde. Ich sagte ihm, dass ich ihn vor Gericht vertreten werde. Gut, sagte er kaum hörbar. Sonst nichts. Über seine Akte wusste er nichts. Ebenso wenig darüber, warum er hier war. Nach zwanzig Jahren Abwesenheit in Istanbul angekommen, war er am Flughafen festgenommen worden. Und man hatte ihm, wie um seinem Schweigen Respekt zu zollen, nicht die geringste Erklärung abgegeben.

Ich ging zum Richter. Ich stellte mich als Doğans Anwältin vor und verlangte Akteneinsicht vor der Vorführung. Der Richter gewährte mir fünf Minuten, um zur Geschäftsstelle des Gerichts zu gehen, das sich zwei Stockwerke tiefer befand, und die Akte einzusehen.

Mit meinem Gipsfuß, die Krücke unterm Arm, brauchte ich zwei Minuten auf der Treppe, weil ich nicht auf den Aufzug warten mochte. In der Geschäftsstelle legte man mir eine dicke Akte vor. Einen dieser kaltschnäuzigen zerfledderten, nach Kellerfeuchtigkeit miefenden Archivordner. Ich begann mit dem untersten Blatt, getrieben einerseits von meiner kätzischen Neugier, andererseits dem Ehrgeiz, mir in der knappen Zeit einen Überblick zu verschaffen. Einsicht in Strafakten ist mir das Liebste an meinem Beruf. Wenn bloß die Namen darin nicht echt wären. Wenn es lediglich Prüfungsfragen wären. Wie vergnüglich wären dann die Fälle.

Ja, Doğan war mit einem entsetzlichen Mordvorwurf in Gewahrsam genommen worden. Ich dachte an die ›betreffende Person‹ oben, ich sah den Tatvorwurf in der Akte vor mir. Ist nicht wahr, entfuhr es mir, und ich musste lächeln. Doch die Sache war ernst. Zunächst einmal befanden wir uns in einem Gericht, einer Großen Strafkammer mit besonderen Befugnissen, und der Richter schob in der Sommerhitze träge und verdrossen seinen Bereitschaftsdienst. Alles schien sich gegen uns verschworen zu haben. Wenn ich mich einigermaßen auskannte in diesem Metier, dann würde Doğan verhaftet werden.

Wir betraten das Richterzimmer zur Vorführung. Ich war irgendwie geistesabwesend und gab mit allzu persönlichem Einsatz zum Besten: ›Es ist unmöglich, dass mein Mandant diese Tat begangen haben kann.‹ Die ›betreffende Person‹ hat mir das in den folgenden Jahren immer wieder lachend vorgehalten.«

Als ich auf dem Korridor im dritten Stock auf die Vorführung vor den Richter wartete und erfuhr, dass der Staatsanwalt die Akte mit Antrag auf Haftbefehl längst an den vernehmenden Richter weitergeleitet hatte, war ich ziemlich verstört. »Wie kann Haftbefehl beantragt werden, ohne dass man mich angehört hat?«, fragte ich Sennur Baybuğa.

»Wir sind in der Türkei«, sagte sie, »kann vorkommen.«

»Aber es hat mir doch bislang noch niemand offiziell mitgeteilt, warum ich in Gewahrsam genommen wurde«, wandte ich ein.

»Wie vergesslich ihr Auslandstürken doch geworden seid!«, fuhr Sennur mich an. »Als ob es früher anders gewesen wäre. Also, warum wunderst du dich jetzt darüber?«

»Richtig. Früher war es noch schlimmer.«

Dem Richter bereitete die Tatsache, dass ich ihm zwanzig Jahre nach der mir zur Last gelegten Tat – einem angeblichen Raubmord bei einem Überfall auf eine Wechselstube in Istanbul – vorgeführt wurde, sichtliches Unbehagen. Seinen Unterlagen zufolge würde ich wegen einer Organisation gesucht, deren Namen ich zum ersten Mal hörte, eine aus neun Buchstaben und zwei Bindestrichen bestehende Abkürzung, deren Sinn sich mir bis heute nicht erschlossen hat, und er erteilte Haftbefehl.

Der Drehbuchschreiber rief seinen Vorgesetzten an: »Die haben den *dayı* verhaftet. Was sollen wir tun?«

Es war ein merkwürdiges Telefongespräch, dessen Sinn mir erst im Nachhinein aufging. Der Chef war davon ausgegangen, dass ich nicht von der Terrorbekämpfung festgenommen würde, und hatte also keine Vorkehrungen getroffen! Es war nach Dienstschluss, im Polizeipräsidium hatten alle außer der Bereitschaft bereits Feierabend.

Ich verabschiedete mich von Sennur Baybuğa. Sie tat ihr Möglichstes, mich zu trösten, aber es reichte nicht, um mein wachsendes Unbehagen zu bändigen. »Mach dir keine Sorgen«, sagte sie, »ich komme dich so bald wie möglich besuchen. Du bist aus freien Stücken hergekommen, die Sache liegt 21 Jahre zurück. Auch wenn der Tatvorwurf schwerwiegend ist, in einigen Tagen wird sich alles aufklären.« Sie lächelte beim Sprechen, doch ihre sorgenvollen Blicke verrieten sie. »Du wirst ins Metris-Gefängnis gebracht«, teilte sie mir mit.

Kein unbekannter Ort für mich.

Die beiden Polizisten brachten mich in die Zelle im Erdgeschoss. Ich war der einzige Gefangene. Die Tür ließ man unverschlossen.

Beim gemeinsamen Rauchen platzte dem Drehbuchschreiber der Kragen. »*Dayı*«, ereiferte er sich, »hab ich's dir nicht gesagt? Die beuten uns aus! Da siehst du es! Wenn die dich jetzt nicht verhaftet hätten, wäre ich längst zu Hause und würde in aller Gemütsruhe an meinem Drehbuch sitzen. Stattdessen muss ich dich jetzt in den Knast bringen. *Dayı,* kannst du da nicht mit dem Taxi hin? Du bist doch Deutschländer. Du hast bestimmt Geld.«

Der andere griff ein. »Hast du 'nen Knall, oder was? Bist

du noch bei Trost? Und wer unterschreibt das Übergabeprotokoll?«

Vor dem Verlassen des Gerichtsgebäudes machte der andere Beamte Anstalten, mir Handschellen anzulegen. Der Drehbuchschreiber verhinderte es. Schriftstellersolidarität.

»Meinem *dayı* legt keiner Handschellen an, solange ich dabei bin. Ist das klar, Herr Kollege? Du haust doch nicht ab, *dayı,* oder?«

»Nein, ich hau nicht ab.«

Es mag unglaublich klingen, aber zum Antiterrordezernat kehrten wir im Taxi zurück. Wir stiegen im Hof aus und in einen Polizei-Kleinbus um. Ein Beamter meines Alters, der Chef wohl, musterte mich von oben bis unten und sprach während der einstündigen Fahrt im Berufsverkehr nicht ein einziges Wort. Ein Mann, von dem man sich fernhalten sollte, befand ich.

Wir fuhren auf das Gelände der Haftanstalt. Die beiden neuen Polizisten, die mich begleiteten, stiegen nicht mit aus. Ich war immer noch ohne Handschellen. Der Polizeichef wies den Drehbuchschreiber an, ihm nach der Übergabe Bescheid zu geben. Wir gingen auf den Eingang zu. Der Drehbuchschreiber informierte den wachhabenden Soldaten darüber, dass sie einen Verhafteten brachten.

Aus irgendeinem Grund nahm der Soldat an, ich sei der Vorgesetzte der beiden, und fragte mich: »Und wo ist der Verhaftete?«

»Das bin ich.«

»Ein Verhafteter ohne Handschellen. Wo gibt's denn so was?«

»Na, bei mir«, blaffte ihn der Drehbuchschreiber an, »das ist mein Verhafteter. Ob ich ihm Handschellen anlege oder nicht, ist meine Sache. Mach dir mal keinen Kopf! Der *dayı* ist Deutschländer, der haut schon nicht ab!«

Der Soldat und der zweite Polizist verschwanden im Aufnahmebüro des Gefängnisses. Der Drehbuchschreiber und ich warteten draußen.

Etwa eine Viertelstunde später kehrte der Polizist zurück. »*Dayı,* wie hieß noch mal deine Organisation?«

»Keine Ahnung. Hab's mir nicht merken können. Was steht denn da?«

»In den Unterlagen stehen drei unterschiedliche Namen. Die dadrinnen fragen, welchen sie eintragen sollen.«

»Keinen davon.«

»*Dayı,* am besten kommst du mit rein.«

Alle miteinander gingen wir hinein. Ein Beamter saß am Tisch, weitere fünf oder sechs standen oder liefen in der Gegend umher. Der für meine Aufnahme Zuständige fragte nach dem Namen meiner Organisation.

»Ich gehöre keiner Organisation an«, sagte ich.

»Aber das geht nicht, mein Herr, hier können wir keinen ohne Organisation aufnehmen.«

»Warum denn nicht? Gibt's hier keine gewöhnlichen Gefangenen? Oder Journalisten, Schriftsteller, was weiß ich.«

»Doch, schon, aber in deinen Unterlagen steht: *Mitglied einer terroristischen Organisation.* Und die hat hier drei unterschiedliche Schreibweisen. Welche sollen wir eintragen?«

»Keine. Lasst es einfach leer.«

»Das geht nicht! Irgendwas müssen wir da reinschreiben. Vorschrift ist Vorschrift.«

Die anderen Beamten hatten sich bereits um uns versammelt. Jeder gab seinen Senf dazu. Einer sagte: »Schreib *PKK* und fertig. Guck doch, sieht wie 'n Kurde aus.«

»Der und Kurde, niemals«, widersprach ein anderer. »Schließlich haben wir jede Menge Kurden gesehen.«

»Schreib *Dev-Sol*[1]«, schlug ein anderer vor. »Kann man leicht behalten.«

»Wenn schon, dann schreibt wenigstens *Dev-Yol*[2]«, mischte sich der Drehbuchschreiber ein. »Macht dem *dayı* nicht noch mehr Scherereien! Und setzt ihn nicht so unter Druck! Folter ist das doch, was ihr hier betreibt!«

»Pass auf, was du sagst, *kardeşim*«, schrie ein anderer. »Wie redest du da, im heiligen Monat? Wir fasten doch alle.«

Ich griff ein, um die Sache abzukürzen, und nannte dem Beamten den Namen des Kölner Projekts, dessen Abkürzung der einer radikalen linken Organisation nicht unähnlich ist: *Mit Konflikten Leben Lernen.* »Schreib *MKLL*«, sagte ich, »so heißt die Organisation.« Er fragte nicht, wofür die Abkürzung stehe. Hätte er gefragt, hätte ich gesagt: *Marxistisch-Kommunistisch-Leninistische Liga.*

Der Empfangsbeamte trug es dankbar ein. Als sich herausstellte, dass ich kein türkischer Staatsbürger war, lehnte er sich weit in seinem Stuhl zurück. »Dich können wir hier nicht aufnehmen, Doğan Bey«, sagte er. »Wir nehmen hier keine Ausländer auf.«

Dem Drehbuchschreiber platzte der Kragen: »Wenn ihr meinen *dayı* nicht aufnehmt, schlag ich hier alles kurz und klein! Ich lass keinen Stein auf dem anderen, echt! Ihr seid gut! Wo soll ich denn hin mit ihm um die Zeit!«

»Das ist dein Problem, *kardeşim.* Ich jedenfalls halte mich an meine Vorschriften.«

»Mach mal halblang«, brüllte der Drehbuchschreiber. »Ruf den Direktor an! Meinetwegen den Ministerpräsidenten! Den

1 Revolutionäre Linke

2 Revolutionärer Weg

Justizminister! Ruf an, wen du willst! Ich schwör's bei Gott, ich lass *dayı* einfach am Eingang hier frei. Dann kann er gehen, wohin er will!«

Während tatsächlich herumtelefoniert wurde, kamen der Drehbuchschreiber und ich uns noch ein wenig näher. Er wollte wissen, woher ich stamme. Als ich ihn nach seiner Heimatstadt fragte, sagte er: »Ich bin Kurde, *dayı*.«

Ich hatte einen metallenen Kugelschreiber bei mir, den mir einen Tag zuvor, beim Abschied in Köln, mein Freund Adnan Keskin geschenkt hatte, der 1991 gefälschte Reisepässe für meinen Sohn und mich besorgt und so meine Flucht nach Deutschland ermöglicht hatte. Ich wusste, dass man mir den Stift abnehmen würde. Schließlich hatte ich so meine Erfahrungen. Ich reichte ihn dem Drehbuchschreiber. »Hier«, sagte ich, »kannst dein Drehbuch damit schreiben.«

»Versprochen, *dayı*«, sagte er, ohne zu zögern. »Bis du rauskommst, hab ich's fertig!«

Genau 24 Stunden nach Verlassen des Flughafens Köln/Bonn wurde ich in jenen hintersten Block geführt, in dem ich 24 Jahre zuvor etwa drei Jahre verbracht hatte und der von uns Gefangenen damals *Sibirien* genannt wurde. Bevor die eiserne Tür hinter mir zufiel, fragte ich den mich begleitenden Wärter, ob man den Block immer noch so nannte.

»Ja«, erwiderte er, »der Name hat sich nicht geändert.«

Granada, 19. August 2017

6. Kapitel

Zeitkrümmung

Das Telefongespräch war beendet, und ich ließ mir so einiges einfallen, um die Rückkehr in die Zelle hinauszuzögern. Zunächst einmal ging ich auf die Toilette. Auf eine, die man unbeobachtet aufsuchen konnte. Und hartnäckig wie ein Kind, das sich mit nur einem Bonbon nicht zufriedengibt, fragte ich auch noch, ob ich, falls alle Formalitäten abgeschlossen seien, einen Kaffee haben könne. Kein Kaffee, schien die Devise zu sein. Der zuständige Beamte wiederholte resolut: »Wir sind nicht befugt, Ihnen einen Kaffee anzubieten!«

In der Türkei hätte ich entgegnet: »Mensch, Befugnis für Kaffee, wo gibt's denn so was?« Nicht umsonst sagt das Sprichwort: *Vierzig Jahre Dankbarkeit für eine Tasse Kaffee!*

Schließlich nutzte ich dreist meinen Opferstatus und bat um eine Zigarette. Dieselbe Person ließ mich wissen, auch in Bezug auf Zigaretten nicht befugt zu sein. Dafür allerdings bin ich als Ex-Kettenraucher unendlich dankbar.

»Läuft bei euch nichts ohne Befugnis?«, hätte ich fragen können. Es wäre allerdings unangemessen gewesen. Wir betraten das

Kellergeschoss. Ob ich eine ärztliche Untersuchung wolle. Als ich an die sechs Untersuchungen denken musste, die ich 2010 in Istanbul an einem Tag über mich ergehen lassen musste, winkte ich ab. Nicht nötig. Aber es wäre gut, wenn man mir meine vier regelmäßig einzunehmenden Medikamente aushändigen könne. Am Telefon hatte ich Peri gebeten, sie mir zu bringen.

Zu sagen, ich sei, bevor ich in die Zelle eingeschlossen wurde, von einem plastikbehandschuhten Beamten erneut belästigt worden, wäre übertrieben, aber wirklich angenehm ist es nicht, alle naselang von fremden Männerhänden abgetastet zu werden.

2010, in den vier Monaten, die ich, nach der Haftanstalt Metris, in der Hochsicherheits-Strafvollzugsanstalt des Typs F in Tekirdağ verbringen durfte, war es genauso gewesen. Der Wärter holt dich an der Zellentür ab, betatscht dich von oben bis unten, bevor er dich zum fünf Meter entfernten Telefon bringt. Wenn du Glück hast, kannst du fünf Minuten sprechen. Und obwohl sich dir in dieser Zeit niemand mehr als einen Meter genähert hat, musst du, wenn du in deine Zelle zurückgebracht wirst, die Behandlung erneut über dich ergehen lassen. Diese Vorgehensweise muss den in dieser Haftanstalt im westlichsten Zipfel der Türkei, zwei Autostunden von Istanbul, einsitzenden Kurden und den wenigen Linksradikalen derart auf den Geist gegangen sein, dass sie mit einer gemeinsam skandierten Parole darauf reagierten: *Die Würde des Menschen wird die Folter besiegen.* Ich beteiligte mich nicht. Aus zwei Gründen. Erstens bin ich unfähig, Parolen zu rufen, solange man mir nicht große Schmerzen zufügt. Zweitens schien es mir eine Verharmlosung der Folter, die Vorschrift der Leibesvisitation als solche zu bezeichnen, auch wenn die Wärter deren Durchführung auf die Spitze trieben.

Auch die Behandlung hier und jetzt, im Polizeipräsidium in Granada, war meiner Meinung nach überzogen. Ich meine, wenn ich Hannibal Lecter wäre, aber so …

Wie auch immer, ich war längst abgetastet, und die Stahltür hinter mir war mit lautem Knall zugefallen. Eine Weile widmete ich mich wieder den Geheimnissen des Toiletten-Mechanismus. Ein monolithisches Monstrum! Nirgends ein Knopf zum Drücken, nichts zum Ziehen oder Drehen. Angenommen, du erledigst dein Geschäft. Und dann? Wie machst du das Scheißding sauber? Vergebliche Müh. Am besten lässt du die Finger davon! Wäre ich Maschinenbauingenieur, dann hätte ich es dieser Apparatur schon gezeigt.

Damals, nach dem Gymnasium, hatte ich auf die Frage nach meinem Studienwunsch immer wie aus der Pistole geschossen geantwortet: Maschinenbauingenieur. Nicht weil ich Ingenieur werden wollte, sondern weil Mümtaz Akhanlı, der beste Freund meines fünf Jahre älteren Bruders Erkan Abi, gleichzeitig mein Cousin, von dem ich so viel fürs Leben gelernt habe, der Erste im Dorf war, der Maschinenbau studierte, und deshalb mächtig angesehen war.

2010 hatte ich, bevor ich mich auf die Reise in die Türkei machte, zuerst meinen heute in Antalya lebenden Erkan Abi angerufen und ihn wissen lassen, dass ich mich entschieden hatte, in die Türkei zu kommen, und dass mein Vater nichts davon wissen durfte. Sollte ich am Flughafen festgenommen werden, hatte ich ihm gesagt, möchte ich nicht, dass Vater etwas davon erfährt. Er war herzkrank, und ich machte mir Sorgen, dass sein Herz eine solche Nachricht nicht verkraften würde. »Keine Sorge«, sagte Erkan Abi, »ich tue, was ich kann.«

Er tat, was er konnte. Mein Vater hatte, als meine regelmäßigen Wochenendanrufe ausblieben, Erkan Abi angerufen und gefragt, warum er seit zwei Wochen nichts mehr von mir gehört habe und wo ich denn stecke.

»Der ist auf Malta«, hatte Erkan Abi ihm geantwortet. »Er macht Urlaub auf Malta.« *Malta* hat im Türkischen zwei Bedeutungen. Einmal ist es dieser Inselstaat, wo überwiegend Englisch gesprochen wird. In der türkischen Geschichtsschreibung spielt Malta eine nicht unwichtige Rolle, weil mehrere türkische Staatsmänner, die sich des Genozids an den Armeniern schuldig gemacht hatten, nach dem Ersten Weltkrieg durch die Briten verhaftet und nach Malta überstellt worden waren. Die zweite Bedeutung, von der ersten abgeleitet: Der Innenhof im Gefängnis, der, wie klein er auch sein mag, dem Gefangenen dazu dient, seine Runden zu drehen, trägt denselben Namen.

Mein Erkan Abi und meine Schwester Eribe waren zu Besuch gekommen. Eribe weinte ständig, weil man mich verhaftet hatte. Erkan Abi gab sich sichtlich Mühe, nicht zu weinen, konnte aber nicht verhindern, dass auch seine Augen sich immer wieder mit Tränen füllten. Meine Tränen waren schon vor Jahren versiegt. Sooft ich fragte, ob es Vater gut gehe, sagte Erkan Abi: »Ja, hab ich doch gesagt. Ich hab ihm gesagt, dass du auf Malta bist. Ist ja nicht gelogen. Von morgens um acht bis abends um acht bist du doch auf Malta, stimmt's?«

Das war der Moment, an dem das Weinen meiner Schwester in unkontrollierbares Gelächter umschlug. Als wir uns ihr anschlossen, verzog sich die bedrückte Stimmung, die den Besucherraum erstickt hatte, und ich sah, dass ein feiner gelber Strahl über die Gesichter der Gefangenen huschte.

»Mümtaz ist jetzt im Dorf«, sagte Erkan Abi, »und er hat versprochen, alles Menschenmögliche zu tun, damit Vater nichts von deiner Verhaftung mitbekommt.«

Wie sehr Mümtaz Abi alles Menschenmögliche getan hatte, erfuhr ich, als ich nach meiner Freilassung am 8. Dezember 2010 in mein Geburtsdorf reiste. Mümtaz war Tag für Tag in aller Frühe aufgestanden, hatte alle im Dorf ankommenden Zeitungen auf Meldungen über mich durchkämmt, diese entfernt und dann dafür gesorgt, dass die Abonnenten ihr Blatt erhielten. Die Bemühungen, meine Verhaftung geheim zu halten, erinnerten an die italienische Kleinstadt in der Filmkomödie *Das Geheimnis von Santa Vittoria,* deren Lebensgrundlage der Weinanbau ist. Die Bewohner verstecken im Ersten Weltkrieg mit vereinter Kraft eine Million Flaschen hochwertigen Weines vor den sich zurückziehenden deutschen Soldaten. Eine humorvolle Geschichte des Widerstands, mit einem über sich selbst hinauswachsenden Anthony Quinn. Und die Situation meines Vaters hatte Ähnlichkeit mit der tragischen Titelfigur in *Der Oberst hat niemand, der ihm schreibt,* einer Erzählung des Meisters des magischen Realismus, Gabriel García Márquez.

Die Figur des alten Vaters, der seit dreißig Jahren jenseits der Berge auf seinen Sohn wartet, fand ich sehr ergreifend. Auch die Bemühungen der Dörfler, das Geheimnis des verhafteten Sohnes zu hüten, waren erzählenswert. Es war Anfang September, der Staatsanwalt der Großen Strafkammer mit besonderer Befugnis hatte die Anklageschrift noch nicht vorbereitet, und mein Verhandlungstag war noch nicht festgesetzt. Als ich vom Besucherraum in die Zelle zurückkehrte, beschloss ich, eine Erzählung von der Länge der genannten zu schreiben. Ich würde Márquez nicht nachahmen, aber meine Erzählung würde mit einer Melodie unterlegt sein, die an ihn erinnerte.

Eine für das Theater bearbeitete Fassung von Márquez' Erzählung hatte ich Ende der Neunzigerjahre in Köln-Ehrenfeld gesehen, in einem Theater, das es heute nicht mehr gibt. Es war eine transnationale und mehrsprachige Aufführung, und als die Lichter angingen, fand auf der Bühne ein tödlicher Kampf statt. Eine zierliche, flinke junge Frau, gespielt von einer Mexikanerin, focht einen blutigen Kampf gegen einen ziemlich großen und kräftig gebauten Mann aus, gespielt von einem Italiener. Wir wussten nicht, auf wessen Seite diese Frau stand und gegen wen sie kämpfte. Ich hatte nicht wirklich ausmachen können, ob sie Mensch, Göttin oder aber eine Löwin war, die ihre Jungen vor den Hyänen zu schützen versuchte. Doch klar war mir von Anfang an, dass es kein gerechter Kampf war. Es war ausweglos, diese zarte Frau würde in ihrem heldenhaften Widerstand unterliegen. Und so kam es auch. Während die junge Frau ihre letzte Kraft aufgebraucht hatte und mit einer Kugel niedergestreckt wurde, füllte eine wehmütige Melodie den Raum, und ein international besetzter Begräbniszug, in dem sich auch der Oberst befand, bewegte sich getragenen Schrittes auf die Bühne, um der Kriegerin die letzte Ehre zu erweisen. Die Darsteller, ein jeder aus einem anderen Land stammend, blieben eine Weile schweigend stehen. Schließlich begann der Oberst – dargestellt von Kadir Konuk – zu sprechen. In einer Sprache, die wie Zaza klang, das in der Osttürkei gesprochen wird. Es konnte auch Romanes sein, die Sprache der Roma.

Der Regisseur der Aufführung war Nedjo Osman, der aus dem zerfallenen Jugoslawien stammte. Vor der Auflösung Jugoslawiens hatte er in den Hauptrollen etwa dreißig klassischer wie moderner Stücke Ruhm erworben und in Deutschland seine Karriere mit Film- und Theaterrollen fortgesetzt. Vielleicht hatte er so die Aufmerksamkeit auf das Leid seines im Kosovo arg geplagten Volkes, das der Roma, lenken wollen, und Kadir Konuk hatte fünfzigjährig noch Romanes sprechen lernen müssen.

Es war natürlich nicht möglich zu verstehen, was Kadir Konuk sagte. Aber dennoch begriffen wir, dass sowohl der Oberst als auch die Mexikanerin, in der vorherigen Szene gestorben und nun in einen Kampfhahn verwandelt, ein beschwerliches Leben führten. Irgendwann muss der Satz des Obersts gefallen sein: »Ich war jung, ich habe gekämpft, um die Republik zu retten, jetzt bin ich müde und warte darauf, dass er kommt.« Schließlich wusste ich schon vor Beginn der Aufführung, dass der Oberst seit 19 Jahren auf einen Brief wartete. Ich hatte Márquez' großartige, 1957 erschienene Erzählung gelesen. Dennoch konnte ich nicht mit Sicherheit ausmachen, ob Kadir Konuk den Obersten oder sich selbst darstellte oder das Leid aller Besiegten beweinte.

Möglicherweise wartete Kadir Konuk nicht auf den Briefträger, gespielt von einem Armenier, möglicherweise erhielt er nicht jeden Freitag die Antwort: Nein, mein Oberst, ich habe leider keinen Brief für Sie. Doch Kadir Konuk konnte sich noch so sehr bemühen, den Obersten zu verkörpern, ich sah in seinem rot angestrahlten Gesicht, dass er einen solchen Brief nötiger hatte als der Oberst. Sieben Jahre hatte er im Knast damit zugebracht, auf den Tag zu warten, an dem man ihn zum Galgen führt, hatte mit angesehen, wie zwei seiner Mithäftlinge gehenkt wurden. Sein krankes Herz hatte dennoch nicht aufgehört zu schlagen, und schließlich hatte er eine filmreife Flucht hingelegt und sich bis nach Deutschland durchgeschlagen. Was für einen Brief mag ein Exilautor wohl erwarten, der 25 Bücher geschrieben hat?

Kadir Konuk war im April 1988 aus dem Krankenhaus in Istanbul geflohen, in das er zu einer Herzuntersuchung gebracht worden war. Genauer gesagt wurde er von seinen Freunden befreit. Niemandem wurde dabei auch nur ein Haar gekrümmt. In einem Plastikboot paddelte er die Nacht hindurch und erreichte die griechische Insel Lesbos.

Im Februar 1980 hatte er bei einem Aufstand in Izmirs Gecekondu-Vierteln eine führende Rolle gespielt. 1982 wurde er in Istanbul gefasst und zum Tode verurteilt. 1985 wurden zwei seiner Freunde, die in derselben Sache verurteilt worden waren, in der Morgendämmerung aus den Nachbarzellen abgeholt und zum Galgen geführt. Nach diesen beiden Hinrichtungen war die Reihe an Kadir. Aber die Vollstreckung wurde ausgesetzt. Kadir hat das Schuldgefühl, das die Nacht der Exekutionen in seine Adern gepumpt hatte, nie überwinden können.

Als wir uns 1992 in Köln kennenlernten, war er der erste Stipendiat der Heinrich-Böll-Stiftung. Heute wohnt er in einer Stadt in der Nähe von Köln. Seit jenem Jahr sucht ihn die Türkei per Haftbefehl. Aber er lässt sich davon nicht beeindrucken und sieht sich nicht ständig um, wie ich es tue. Schroff ist er, und es ist schwer, mit ihm auszukommen, aber er hat ein großes Herz. 2010, als ich im Gefängnis war, verging kein Tag, an dem ich nicht einen Brief oder eine Karte von ihm bekam.

Als ich ihn bei unserem letzten Telefonat fragte, wie es ihm gehe, antwortete er: »Gut, ich warte auf das Fahrrad.«

»Was für ein Fahrrad?«

»Hast du nicht die Geschichte des Japaners gehört, der sich ständig von Wolkenkratzern hinunterstürzt und es nicht schafft, sich umzubringen?«, fragte er.

»Nein, hab ich nicht.«

»Der Mann ist tot. Er hat sich sechs Mal von den höchsten Gebäuden Tokios hinuntergestürzt und jedes Mal überlebt. Auf dem Heimweg vom letzten missglückten Selbstmordversuch wird er von einem Fahrrad angefahren und stirbt.«

Dann sprach Kadir Konuk von den beiden Polizisten, die ihn in seiner Wohnung aufgesucht hatten. Nach dem gescheiterten Putschversuch vom 15. Juli 2016. Sie hatten ihm geraten, sehr vorsichtig zu sein und Deutschland auf keinen Fall zu verlassen.

»Du wirst es nicht glauben«, sagte er. »Den Haftbefehl haben die immer noch nicht aufgehoben.«

»Hast du keine Angst?«, fragte ich.

»Was macht das schon für einen Unterschied, ob Haftbefehl oder Fahrrad?«, erwiderte er. »Ich wäre jedenfalls dankbar.«

Bis Ende Oktober des Jahres 2010 habe ich viel an der Figur des Vaters gearbeitet, der im Dorf auf den Sohn wartet, ohne dass die Erzählung Gestalt annahm. Mein einziger in Deutschland lebender Verwandter, der durch die deutsche Presse von meiner Verhaftung erfahren hatte, ließ es sich während seines Heimaturlaubs nicht nehmen, kaum im Dorf angekommen, meinen Vater aufzusuchen und ihm mitzuteilen, wie leid ihm meine Verhaftung tue. Wäre es anders gekommen, hätte ich die Erzählung vielleicht sogar vollendet.

Als ich vor der Zelle in Granada Schritte hörte, entfernte ich mich von dem Wasser versprechenden Monstrum. Meine Medikamente waren da. Vor der Reise hatte ich die für zwei Wochen ausreichende Menge meiner vier Medikamente in eine Tablettenbox getan. Um den Tisch herum, an dem solche Dinge erledigt werden, standen fünf oder sechs Beamte, die mich neugierig musterten. Zwei von ihnen Frauen. Keiner da, der eine andere Sprache als Spanisch sprach. Der Arzt fragte auf Spanisch, ich antwortete auf Deutsch. Er sagte *Damaskus,* ich verstand *Aleppo.* Als wir einsahen, dass es aussichtslos war, versuchten wir es mit unseren pantomimischen Fähigkeiten.

Ich denke, dass es mir gelang, ihm die Funktion jedes einzelnen Medikaments verständlich zu machen. Oder aber er erlaubte mir die Einnahme aus schierer Verzweiflung. Dass ich sie aber erst am Abend einnehmen muss und nicht sofort, konnte ich ihm nicht klarmachen. Er streckte mir das Medikament entgegen, ich wehrte mit den Worten *Abend, Abend* ab. Das wäre noch eine Weile so hin und her gegangen, wenn nicht der junge, des Englischen mächtige Einsatzleiter des Teams, das mich verhaftet hatte, zu Hilfe geeilt wäre. Das Englisch, das ich mir in den Achtzigerjahren im Metris-Gefängnis selbst beigebracht und 2010 in der Haftanstalt Tekirdağ aufgefrischt hatte, verband ich mit meinen am Schauspiel Köln erworbenen darstellerischen Fähigkeiten und schilderte die Sachlage. Und er übersetzte ins Spanische und brachte Klarheit in die Angelegenheit.

Und anschließend teilte er mir mit, in welcher Lage ich mich befand und welche Wendung mein Schicksal nehmen würde. »Heute Abend«, sagte er, »heute Abend gegen sieben werden Sie nach Madrid gebracht und die Nacht dort verbringen. Und morgen früh wird der Richter ein Urteil fällen, und Sie werden wahrscheinlich freigelassen. Wir haben Sie zwar festgenommen, aber mittlerweile wissen wir, wer Sie sind, und wir bedauern, Sie verhaftet zu haben.«

Es gab nicht einen einzigen Satz, den ich nicht verstanden hätte. Und sollte das erhoffte Wort ein magisches Licht sein, dann hatte es die Kraft, das dämmerig düstere Kellergewölbe mit seinen aneinandergereihten Zellen zu erhellen.

Thank you very much!

Bevor meine Dankbarkeit verebbte, sah ich, dass der aufs Abtasten spezialisierte Beamte schon wieder die Plastikhandschuhe überstreifte! Es war offenbar aussichtslos, in der Türkei den Ärzten und in Spanien den plastikbehandschuhten Polizisten zu entkommen. *Viva Alemania!,* hätte ich skandieren können, aber dann würden meine linken Freunde in Köln kein gutes Haar an mir lassen.

Als ich nach der Leibesvisitation an jenen Ort zurückkehren musste, an den ich nie wieder wollte, wurde ich von all meinen Traumata aus alten Zeiten heimgesucht.

Mir war bekannt, dass sich in der Zelle das Zeitgefühl veränderte. Dass die Nächte lang, die Tage kurz werden, ist eine Zeitverschiebung, um die jeder Häftling weiß. Auf der Nordhalbkugel verfliegt im Juni selbst der längste Tag des Jahres im Nu, während die sich auf alles senkende Finsternis einfach nicht verschwinden will. Eine halbe Million Menschen, die nach dem Putsch von 1980 im Gefängnis saßen, kennen das Gedicht *Es wird früh Abend im Gefängnis* von Ahmet Arif, einem kurdischen Dichter, auswendig. Ich hatte zwar auch im Jahre 2010 allerlei Zeitkrümmungen erlebt, aber Derartiges wie die überwältigende Krümmung der Zeit in der Nacht vom 19. auf den 20. August, der Nacht meiner Überführung aus Granada nach Madrid, war mir nie zuvor widerfahren.

In das Kellergeschoss mit den Zellen drang kein Tageslicht. Dennoch hatte ich die Dauerbeleuchtung des Korridors für ausreichend gehalten, um in der Zelle lesen zu können, und im oberen Stockwerk, bei dem Gespräch im Beisein der Dolmetscherin, darum gebeten, mir eine Zeitung oder ein Buch zu geben, meinetwegen auf Spanisch. Denn auch in einer Sprache, die ich nicht beherrschte, wäre es mir möglich, ausgehend von einigen bekannten Wörtern, mir ein eigenes Bild von den Texten zu machen, sie in meinem Kopf neu zusammenzusetzen und so die endlos scheinenden 24 Stunden, die mir bevorstanden, leichter zu vertreiben. Aber auch hinsichtlich der Zeitungs- beziehungsweise Bücherausgabe war man nicht befugt. Also ging ich leer aus.

Weil man zudem meine Brillen beschlagnahmt hatte, sah ich selbst den stattlichen plastikbehandschuhten Beamten nur verschwommen. Der Anblick des an Flugzeugessen erinnernden eingeschweißten Mittagessens, in dem man ein paar Kekse und Gemüsepüree ausmachen konnte, war alles andere als erfreulich. Meine Übelkeit verstärkte sich. Ich schob das Essen in die hinterste Ecke der Zelle und legte die Decke darüber. Für den Fall, dass die Übelkeit nachließ, wäre mein Essen wenigstens nicht kalt!

Dann schloss ich die Augen. Das Einzige, was mich von einer Maus unterschied, die an einem rostigen Stück Eisen herumknabberte, war, dass die Zeit, die ich zermalmen wollte, mehr Widerstand leistete als das Eisen. An diesem unwirtlichen Ort katapultierte ich mich, wie ich es 2010 in meinen Gefängnisnächten ebenfalls häufig getan hatte, in die Geborgenheit, an einen sicheren Ort, in mein an der Grenze zu Georgien liegendes, von Bergen eingezwängtes Geburtsdorf, in die Tage meiner Kindheit.

2010 im Gefängnis hatte ich keine Uhr. Irgendwann in der Nacht wachte ich stets auf. Meist in jenem Zeitabschnitt, in dem das Gefängnis in absolute Stille gehüllt war. Der Morgen dämmerte mit dem Ruf zum Morgengebet, mit Hundegebell oder dem fernen Krähen eines Hahns. Ich habe auch Morgendämmerungen erlebt, die durch einen Chor aus Mensch, Hahn und Hund eingeläutet wurden.

In Christa Wolfs *Medea* wird die Region, aus der ich stamme, als *das andere Ende der Welt* bezeichnet. Selbst Odysseus hatte nach zehn Jahren in die Heimat zurückkehren können, ich aber schaffte es seit vierzig Jahren einfach nicht, mein Dorf zu erreichen. Im Gefängnis von Tekirdağ war es noch weiter weggerückt. In diesem Dorf am Ende der Welt stand meine Mutter im Morgengrauen auf, verrichtete im unteren Stockwerk unseres an drei Seiten von Balkonen umgebenen Holzhauses ihr Morgengebet, fütterte die einzige Kuh, die wenigen Hühner und die unzähligen Katzen, im Winter heizte sie den Ofen mit Kienholz, machte Tee, schaltete das Radio ein und sorgte so dafür, dass Vater mit Volksmusik geweckt wurde. Kurz danach wurden meine Geschwister und ich von einem Duft aus flammendem Holz, Milch, Tee, Rührei und geschmolzenem Käse aufgeweckt und stiegen ins Wohnzimmer hinunter. Wir frühstückten gemeinsam. Und Vater, der erste Lehrer des Dorfes, gleichzeitig auch derjenige, der Mutter lesen und schreiben beigebracht hatte, ging nach dem Frühstück sofort in die Schule, meine ältere Schwester und mein älterer Bruder, die die vierte beziehungsweise fünfte Grundschulklasse besuchten, folgten ihm. Während meine kleine Schwester und ich je nach Wetter drinnen oder draußen spielten, saß Mutter in einer Ecke und las.

Meine liebsten Erinnerungsbilder an meine Mutter haben immer mit Büchern zu tun. Mutter musste ihre Liebe zu Büchern auch meinem zehn Jahre älteren Bruder weitergegeben haben, meinem ewigen Vorbild, der ein Leben lang damit beschäftigt war, mich zu beschützen, meinem geliebten Erdal Abi, der damals in einem Lehrerinternat studierte. Er schickte oft Buchpakete ins Dorf.

Mutter begnügte sich nicht damit, die Bücher selbst zu lesen. Nachmittags sammelte sie uns Kinder um sich und las uns vor. Als ich mit zwölf Jahren das Dorf verließ, um aufs Gymnasium zu gehen, war ich auf all das fremde Leben vorbereitet, das dank der Romane längst Einzug in unser Dorf gehalten hatte. Deshalb haben mich weder in Ankara noch in Istanbul noch, viele, viele Jahre später, in Köln all die anderen Lebensweisen befremdet, die mich erwarteten.

Das Dorf war arm, aber niemand musste hungern. Es hatte keine Polizisten, keinen Richter. Hier und da tauchten Gendarmen mit ihren Mausergewehren auf, immer im Doppelpack, auf der Suche nach jungen Männern, die ihren Militärdienst noch nicht absolviert hatten. Der Roman *Hunger* von Knut Hamsun, dessen Bücher ich nicht mehr lesen konnte, nachdem ich von seiner Kooperation mit den Nazis erfahren hatte, zeigte uns, dass es auch in Europa Leid, Not und Elend gab. Das Leben der Landarbeiter in Amerika, dessen funkelnde Macht und Überfülle bis zu uns durchgedrungen waren, unterschied sich in John Steinbecks Buch *Früchte des Zorns* nicht wesentlich von dem unserer Dörfler, die ihren Lebensunterhalt als Saisonarbeiter in Teefabriken verdienten. *Madame Bovary* (Flaubert) und *Anna Karenina* (Tolstoi) taten nichts Verwerfliches. Was in *Wahrheit,* dem dritten Teil von Zolas unvollendetem Romanzyklus *Quatre Evangiles,* dem jüdischen Offizier Dreyfus angetan wurde, war grausam. *İnce Memed* (Yaşar Kemal) tat gut daran, gegen den despotischen Großgrundbesitzer aufzubegehren. Dass *Dürü*, das zwangsverheiratete Dorfmädchen, den widerwärtigen Kerl, der ihr Ehemann wurde, in der Hochzeitsnacht mit der Sense (so auch der Titel des Buches, *Tırpan,* von Fakir Baykurt) tötete und in die Berge floh, war kein Mord, sondern Selbstverteidigung. Was hätte die Ärmste tun sollen, hatte Mama kommentiert. Tötet sie sich selbst, begeht sie ja auch eine Sünde.

Zum letzten Mal hatte ich mit Mutter Ende Dezember 1992 telefoniert. Bei Tagesanbruch. Damals wohnten wir in einem Flüchtlingswohnheim in Bergisch Gladbach bei Köln. Adnan und Neşe Keskin, meine maßgeblichen Helfer bei der Flucht ins Ausland, hatten in Köln einen Kiosk eröffnet, um ihren Lebensunterhalt zu bestreiten. Ich machte mich morgens vor Sonnenaufgang auf den Weg und schloss den Kiosk auf, bevor es dämmerte. Ich hatte gerade begonnen, ein wenig Deutsch zu lernen. Ein Lkw-Fahrer, der jeden Morgen kam, ein Brötchen und eine Tasse Kaffee bestellte, hielt mit mir einen Plausch über Gott und die Welt, während er frühstückte. Er hatte einen merkwürdigen Akzent, und ich verstand das meiste von dem, was er erzählte, nicht. War Adnan im Laden, lief alles problemlos. Wenn er lachte, lachte ich auch, wenn er erstaunt schaute, setzte ich mir auch einen erstaunten Gesichtsausdruck auf. An jenem Morgen hielt der Lkw-Fahrer eine Ansprache, in der immer wieder das Wort *Dänemark* vorkam. Ich nahm eine Zigarettenschachtel der Marke *Denmark* vom Regal und reichte sie ihm: *Bitte schön.* Er sah mich merkwürdig an. Ich ahnte, dass er von einer Fahrt oder Reise nach Dänemark erzählt haben musste.

Ein ganz gewöhnlicher Morgen. Ich schaute auf die Uhr. Mutter musste das Morgengebet verrichtet haben und nach unten gegangen sein, um den Tee aufzubrühen, da war ich mir sicher.

Gleich beim ersten Klingeln ging sie dran. Es kam mir so vor, als sei sie aufgeregter als bei meinen früheren Anrufen. Vater schlafe noch. »Soll ich ihn wecken?«, fragte sie.

»Nein, lass ihn schlafen«, antwortete ich.

Nachdem wir einander nach dem Befinden gefragt hatten, plauderten wir ausführlich über meine Geschwister und deren Kinder. Sie erzählte mir die Dorfneuigkeiten. Und gemeinsam gedachten wir jener Dörfler, die nach unserem letzten Telefonat verstorben waren.

Gegen Ende unseres Gesprächs sagte sie: »Sohn, wie gut, dass du angerufen hast!«

Am 3. Januar 1993 waren wir alle bei Adnan und Neşe zusammengekommen. Unter uns war nicht ein Einziger, der nicht aus politischen Gründen im Exil lebte. Gewissermaßen war es eine Zusammenkunft abenteuerlichster Lebensgeschichten. Jeder Einzelne hatte es wie durch ein Wunder geschafft, zu überleben und sich nach Köln durchzuschlagen. So Enver Karagöz, der am Abend des Putsches vom 12. September 1980 festgenommen und in der Schule, in der er Literatur lehrte, gefoltert wurde und seine Stimme verlor, weil man ihm kochendes Wasser in die Kehle schüttete. Mit dieser heiseren Stimme konnte er Lorcas, Nerudas und Nazım Hikmets Gedichte so eindrucksvoll rezitieren, dass ich nicht genug davon bekam.

Außerdem war Kemal Uzun dabei, im gleichen Alter wie mein Erdal Abi, der mit ihm auf dem Lehrerinternat studiert hatte und dort unter der Doktrin *Eine Nation, ein Volk, eine Sprache* auf seinen Beruf vorbereitet worden war. Und in dem abgelegenen kurdischen Dorf, in das er als frischgebackener Lehrer versetzt wurde, sowohl seinen Schülern als auch deren Eltern verboten hatte, Kurdisch zu sprechen, und denjenigen, die sich nicht daran hielten, damit gedroht hatte, sie bei den Gendarmen anzuschwärzen. Jahre später verschrieb er sich der Sühne für das Unrecht in seinen ersten Dienstjahren, indem er sich mit aller Kraft für das Recht der Kurden auf die eigene Sprache und die Anerkennung ihrer Identität engagierte. Um im Kleinen etwas Großes zu erschaffen. Eine Handvoll Frieden, Annäherung und Versöhnung. Er und Memo Şahin, ein kurdischer Menschenrechtler, waren unzertrennlich.

Auch der Pariser Profifälscher, der die Ausweise für meine Ausreise erstellt hatte, war dabei. Ich war ihm an diesem Abend zum ersten Mal begegnet und wusste nicht, wie ich ihm meine Dankbarkeit erweisen könnte. Wir aßen, tranken, sangen. Es herrschte Einigkeit darüber, dass die Entwicklungen in der Türkei besorgniserregend waren. Dann wurde noch mehr getrunken und noch lauter gesungen. Der Nachbar von unten klingelte und beschwerte sich, man könne nicht schlafen. Die Musik wurde leiser gestellt und schließlich ausgemacht. Als sich eine melancholische Stimmung verbreitete, kam mir in den Sinn, Erdal Abi anzurufen. Ich erreichte ihn nicht. Nacheinander rief ich alle meine Geschwister an. Niemand war zu Hause. Das war mehr als merkwürdig.

Meine letzte Hoffnung war Mutter. Ich rief im Dorf an. Dass mein Bruder, an diesem eisigen Wintertag, zweitausend Kilometer von seinem Wohnort Istanbul entfernt, den Hörer abnahm, verhieß nichts Gutes. »Was ist los, Abi«, fragte ich, »ist Vater gestorben?« Warum auch immer war mir Mutter immer unsterblich vorgekommen.

»Wir haben Mutter verloren«, sagte mein Erdal Abi. »Aber verlier du dich selbst nicht, hörst du?«

Als ich Neşe berichtete, was geschehen war, weinte sie. Ich weinte nicht. Und weil ich nicht weinen konnte, drohte mich mein schlechtes Gewissen zu ersticken. Etwas Unbegreifliches hatte sich zugetragen. Ich steckte eine Weile in einer merkwürdigen Leere fest, in der ich aus tiefster Seele ahnte, dass das ein Wendepunkt meines Lebens war.

Dank meiner Komplizin Neşe gelang es mir, mir in jener Nacht nichts anmerken zu lassen. Ich betrank mich bis zur Besinnungslosigkeit, und weil ich nicht mehr laufen konnte, übernachteten wir bei Adnan und Neşe.

»Ich hatte so eine Ahnung«, schrieb mein Erkan Abi Monate später in seinem Brief, »dass Mutter im letzten Sommer beschlossen hatte zu sterben.« Im Sommer 1992 waren alle Geschwister im Dorf zusammengekommen. »Ich hatte ein glückliches Leben«, hatte Mutter gesagt, »Doğan und Ayşe sind mit ihren Kindern in Deutschland in Sicherheit. Es wäre ungerecht, wenn jemand in diesem Haus vor mir stirbt.« Beim Abschied hatte sie ihnen nachgeschaut, bis der Kleinbus das gerade Stück der aus dem Dorf führenden Straße hinter sich gelassen hatte und verschwand. »Das ist das letzte Bild, das uns von Mutter geblieben ist«, hatte Erkan Abi geschrieben, »wie sie an der Friedhofsmauer steht und uns nachwinkt.«

Auch von Erdals, meines anderen Bruders, Tod im Jahre 2005 sollte ich durch solch einen Zufall erfahren. Auch ihn hatte ich einige Tage vor seinem Tod angerufen und ihm regelrecht meine Liebe gestanden. Und er hatte sich mit Mamas Worten von mir verabschiedet: »Wie gut, Sohn, dass du angerufen hast.«

Dass er todkrank war, hatte ich nicht gewusst. Mein Erdal Abi war dazu verdammt, all die Sorgen meiner Jugendjahre zu schultern. Ich weiß nicht, ob er fühlte, wie sehr ich ihn liebte, wie sehr ich ihn bewunderte, dass ich beim Gehen meinen Rücken krumm machte, um ihm zu gleichen. Ich war verdammt stolz, sein kleiner Bruder zu sein. Möglich, dass die Liebe zu Büchern vor ihm ins Dorf Einzug gehalten hatte, aber Fußball und Volleyball hatten wir ganz bestimmt ihm zu verdanken.

Als Student des Lehrerinternats war er einmal mitten im Winter mit einem Koffer aufgetaucht. Um seinen Hals baumelte ein Fotoapparat. Wir saßen unten im Wohnzimmer. Es war ein sonniger Tag. Der Schnee lag einen halben Meter hoch. Das folgende Ereignis muss sich so unauslöschlich in mein Gedächtnis eingebrannt haben, dass ich es in *Der letzte Traum der Madonna* mit folgenden Sätzen festhielt:

»Dies war der Winter, in dem mein großer Bruder mit jenem Fotoapparat auftauchte, der den ersten und letzten, noch dazu gescheiterten Lynchversuch im Dorf dokumentieren sollte. An einem eisigen Morgen machte die Nachricht im Dorf die Runde, dass ein Wolf in die aufgestellte Falle gegangen war. Man hatte ihn auf der ebenen Fläche an der Friedhofsmauer an einem Pfosten angebunden, und der dortige Acker hatte sich, obwohl erst später Vormittag, in einen Kirmesplatz verwandelt. Alle Männer des Dorfes, Vater eingeschlossen, die Hälfte der Frauen, mit Ausnahme von Mama, sämtliche Kinder, die schon laufen konnten, sowie alle Dorfhunde, mit Ausnahme von unserem Tigris, waren vor Ort.

Es war ein dürrer, armseliger Wolf, der sich verwirrt umschaute. Vermutlich hatte er nie zuvor so viele Menschen und Hunde auf einem Haufen gesehen. Die Hunde des Dorfes können gut bellen, aber haben keine Ahnung, wie man kämpft oder jemandem an die Kehle geht. Auch vom Anblick des Wolfes ließen sie sich nicht beeindrucken. Trotz aller erdenklichen Anstachelungsversuche der Umstehenden wagte es kein einziger Hund, sich dem Wolf zu nähern. Mir war aufgefallen, dass der Wolf humpelte. Als es Mittag wurde, hatte er sich, erschöpft davon, sich ständig umsehen zu müssen, unter den Pfosten gelegt und war eingeschlafen.

Es war Zeit fürs Mittagessen. Vater, meine Brüder, meine kleine Schwester und ich kehrten heim. Tigris sonnte sich vorm Haus. Die Tür stand offen, und es roch nach Maisbrot, Bohneneintopf und Şor-Käse. Mama stellte keine Fragen. Sie sprach kein Wort, bis wir mit dem Essen fertig waren.

Als alle aufgegessen hatten, sagte sie: ›Es ist Unrecht, was ihr tut. Ihr versündigt euch.‹

›*Hanım*‹, ging Papa zur Verteidigung über, ›dem Wolf ist doch nichts passiert.‹

Statt ihm zu antworten, sagte sie zu meiner Schwester: ›Räum bitte den Tisch ab.‹ Dann rief sie Tigris zu, der immer noch vor der Tür lag: ›Du kommst mit.‹

Wir warteten nicht, bis die beiden sich entfernt hatten, und hefteten uns an ihre Fersen. Am Acker angekommen, erwartete uns ein unveränderter Anblick: Der am Pfosten angebundene, schlafende Wolf, umringt von den Schaulustigen. Mama durchbrach den Kreis der Leute und ging, mit Tigris im Gefolge, auf den Wolf zu. Während sie ihn losband, hatte Tigris begonnen, das verletzte Bein des Wolfes abzulecken. Der Wolf verzog keine Miene. Der Kreis aus Männern, Frauen, Kindern löste sich auf, und von diesem Tag blieb jenes Foto zurück, aufgenommen mit dem ersten Fotoapparat im Dorf, auf dem meine Mutter zu sehen war, wie sie den Wolf befreit, und Tigris, der dessen verletztes Bein ableckt.«

Erdals Koffer war vollgestopft mit Büchern. Sein gesamtes Taschengeld hatte er in Bücher investiert, ja sogar die Uhr verkauft, die Vater ihm geschenkt hatte. Der Koffer voller Bücher war mir vorgekommen wie ein Zauberkasten, aus dem Hunderte von Träumen und Geschichten sich aufmachten, durch die Zimmer des Hauses zu flattern.

Möglich, dass die Lesestunden bei uns in jenem Winter begonnen haben. Das erste Buch, das wir im Familienverband lasen, war, ich erinnere mich wie heute, *Les Misérables.* Vor dem Einschlafen sprachen wir darüber und nahmen Anteil an Glück und Leid der Helden der Geschichte. Ich erinnere mich wie heute, dass Mutter, meine Schwester und eine Nachbarin einen Romanlesewettbewerb veranstalteten. Als wir Steinbecks

Früchte des Zorns ausgelesen hatten, hatte Mutter gesagt, hoffentlich wird unsere Familie nicht so auseinanderbrechen wie die im Buch. Mag sein, dass es uns Geschwister an unterschiedliche Orte verschlagen hat, aber da wir immer wussten, dass wir ein Elternhaus haben, in das wir zurückkehren können, sind wir letzten Endes nicht auseinandergebrochen.

Als ich mich im August 2010 am Flughafen Köln/Bonn von meiner Tochter und meinem Sohn verabschiedete, hatte ich Ceren gefragt: »Was soll ich Super-Opa von dir ausrichten?« Ceren hatte ihren Großvater erst im Jahre 2009 wirklich kennengelernt, als sie das Dorf Ciritdüzü, in dem ich geboren wurde und in dem mein Vater nach wie vor lebte, zum ersten Mal besuchte. Als wir nach Deutschland flohen, war sie zweieinhalb Jahre alt gewesen, und ihre Erinnerungen an die Türkei waren nahezu ausgelöscht. Als Opa und Enkelin einander begegneten, war Ceren von ihren Gefühlen überwältigt worden. Das lag daran, dass mein Vater mir verblüffend ähnlich sah. Sie sah in ihm den um 20, 30 Jahre gealterten Vater und fiel in Ohnmacht. Der Begriff des Großvaters hatte sich plötzlich konkretisiert, und ein verschüttetes Gefühl für die eigenen *Wurzeln* hatte sich entladen.

Als sie mit Fotos aus dem Dorf zurückkehrte, sah ich mit ungläubigem Staunen, dass ich Vater mit zunehmendem Alter immer ähnlicher geworden war. Mag sein, dass ich ihm schon geähnelt hatte, als ich jung war, aber wie zahlreiche Jugendliche war ich eher darum bemüht gewesen, mich von ihm abzugrenzen. In der Familie waren alle außer Mutter, meiner Schwester und mir Lehrer. Dank meines Vaters hatte sich im Dorf eine regelrechte Leidenschaft für den Lehrerberuf verbreitet, sodass fast alle Jungen und die Hälfte der Mädchen Pädagogen wurden. In meiner Generation bin ich fast der Einzige, dem das nicht gelang. Wäre der Putsch von 1980 nicht gewesen, hätte ich wohl am Ende auch Lehrer werden müssen.

»Sag Super-Opa, dass ich ihn ganz doll lieb habe und vermisse«, antwortete meine Tochter am Flughafen.

Wäre ich im August 2010 nicht am Flughafen verhaftet worden, wäre ich von Istanbul aus sofort ins Dorf gefahren und hätte, bevor ich zu Vater gegangen wäre, auf dem Dorffriedhof erst das Grab meiner Mutter, anschließend das meines Bruders besucht. Vor Tagesanbruch hätte ich auf Mutters Grab *Der letzte Traum der Madonna* gelegt und auf das meines großen Bruders *Fasıl*. Dann hätte ich im Garten vor unserem Haus darauf gewartet, dass Vater aufwacht. Vielleicht hätte ich ihn auch vom Garten aus angerufen, als Vorwarnung, damit er nicht denkt, dass ich ein Trugbild bin, und gesagt: *Vater, ich bin da. Ich stehe draußen vor der Tür.*

Die Zeitkrümmung, die in der Zelle in Granada im Jahre 2017 ihren Anfang genommen hatte, brach nicht ab, bis ich in Madrid angekommen war. Ich muss so tief in meine Tagträume versunken gewesen sein, dass ich, nachdem die Türen geöffnet worden waren, ich hinausgebracht und durch den Korridor geführt worden war, erst am Verhalten der Polizisten erkannte, dass die Zeit für die Überführung nach Madrid gekommen war. Die nötigen Verrichtungen wurden schnell und schweigend durchgeführt. Es sollte doch um sieben Uhr abends losgehen, aber es war tiefe Nacht. Es war mir unbegreiflich. Nicht ein einziges Wort fiel. Es hatte etwas Zeremonielles. Mag sein, dass es mir so vorkam, weil ich wusste, dass Todesurteile in der Türkei im Morgengrauen vollstreckt wurden.

Als ich, in Begleitung zweier bewaffneter Polizisten, einer

Frau und eines Mannes, in der Tiefgarage angekommen war, blieben wir an einem Fahrzeug eines mir unbekannten Modells stehen, dessen Hecktür offen stand. Der Rücksitz des Wagens war aus Hartplastik. Hart und unerquicklich. Der Sicherheitsgurt klickte automatisch zu, sobald man sich gesetzt hatte. Wie in Actionfilmen. Als mir die Polizistin Handschellen anlegte, führte sie die geöffneten Handflächen zur Seite, als wolle sie sagen: *Was sollen wir machen, so ist das Gesetz.*

Ich war verdrossen. Vor mir lag nicht bloß die vier- oder fünfstündige Fahrt nach Madrid, sondern die schier unendlich scheinende Nacht. Die Vorstellung, den Morgen in einer Madrider Zelle zu begrüßen, war unerträglich. Aber was sollte diese Angst davor, Stunden in einer Zelle in Spanien zu verbringen, in diesem Land, das Franco in den Tiefen der Vergangenheit zu vergraben versucht und aus dessen Gefängniszellen keine markerschütternden Schreie mehr aufsteigen, zumal für einen wie mich, der mit den Gefängniszellen eines despotischen Landes bestens vertraut ist? Warum war ich so unruhig und so ausgelaugt? Reiß dich zusammen, murmelte ich. Die beiden Polizisten vorn im Fahrzeug trennte nicht nur die Sprache von mir, sondern auch eine Scheibe aus Plexiglas. Das spanische Gespräch da vorn konnte ich nicht hören.

Wir sind nicht im Jahre 1936, wies ich mich zurecht, reiß dich zusammen, da waren wir schon auf der Autobahn. Ich wusste, dass wir auf dem Weg nach Madrid kaum eine Stunde später am andalusischen Alfacar vorbeikommen würden, an jener Stelle, wo der Dichter Lorca gemeinsam mit den Republikanern Dióscoro Galindo González, Francisco Galadí und Joaquín Arcollas Cabezas ermordet worden war. In der vergangenen, mit Recherchen über Lorca zugebrachten Nacht hatte ich erfahren, dass die sterblichen Überreste des Dichters und seiner Schicksalsgenossen bis heute nicht gefunden wurden. Ihre leblosen Körper mochten »im Hinterland von Granada, im windumwehten Víznar, unter einer der Tannen sein«, hatte die in Italien lebende Aslı Kayabal geschrieben, »oder in einem der verlassenen Brunnenschächte im Umland von Alfacar«. In Aslı Kayabals Artikel hatte sich Alfacar, wo der Mord geschehen war, in eine Einöde voller Schwermut verwandelt, in der an der Leine flatternde Wäsche, Essigfliegen und der heiße Wind aus Afrika herrschten.

Wäre ich nicht verhaftet worden, hätte ich Peri so lange beschwatzt, bis sie sich mit mir in jene Einöde auf die Spuren von Lorca und seinen Weggefährten begeben hätte. Ich kenne mich.

Jetzt jedoch saß ich, genau wie der skrupellose Mörder Anton Chigurh (gespielt vom begabtesten spanischen Schauspieler aller Zeiten, Javier Bardem) in *No Country for Old Men,* in Handschellen auf dem Rücksitz eines Polizeifahrzeugs und wurde in eine unbekannte Zukunft gebracht. Anton Chigurhs einziger Beweggrund, sich so einfach festnehmen zu lassen, war seine abartige Neugier herauszufinden, ob er sich aus solch einer ausweglosen Lage würde selbst befreien können. Nur das. In der zweiten Szene gelang es Anton mühelos, ein Blutbad anzurichten und sich zu befreien.

Als John Malkovich von einem Journalisten gefragt wurde, warum er bei seinem Regiedebüt *Der Obrist und die Tänzerin* die Hauptrolle nicht selbst gespielt habe, hatte er geantwortet: In einer Welt, in der es einen Javier Bardem gibt, steht es keinem anderen zu, den Obristen zu spielen.

Unermüdlich folgte ich auf der Fahrt nach Madrid den in meinem Kopf hin und her flatternden Gedankenbildern. Sie führten mich von Javier Bardem zu Orson Welles, von da zur Ausstellung »Franz Kafka. Der ganze Prozess« im Berliner Martin-Gropius-Bau, die Peri und ich einige Tage vor unserer Reise nach Granada glücklicherweise noch hatten sehen können. Von der Ausstellung zum kafkaesken Verlauf meines eigenen Prozesses im Jahre 2010, von da zu Fatih Akıns Film *The Cut* und zu seiner Enttäuschung darüber, nicht den erwarteten Zuspruch erhalten zu haben. Von da zu meiner Sorge, die Premiere seines neuesten Films *Aus dem Nichts*, der in Cannes so erfolgreich war, zu verpassen, von da zu Orhan Pamuks Artikel in der *SZ*. Von da zu den besorgten Gesichtern meiner Tochter und meines Sohnes, die sich in den Scheiben des Transportfahrzeugs widerspiegelten. Unermüdlich wanderten die Bilder durch meinen Kopf. Und bevor ich mir in Köln-Ehrenfeld bei *Murat-Kebap* zwei Lahmacun mit Petersilie und Zitrone bestellen konnte, wurde es hell, und ich war völlig verstört.

Wenn wir wirklich um sieben Uhr abends aufgebrochen waren, konnte der Himmel unmöglich schon aufhellen. Dass in diesem Land namens Spanien gegen Mitternacht der Morgen dämmerte, widersprach sämtlichen physikalischen Gesetzen. Ich versuchte, die Sinnestäuschung zu vertreiben, indem ich meine Augen eine Weile geschlossen hielt. Als ich sie wieder öffnete, war das Tiefblau des Himmels stellenweise von einem helleren Ton durchbrochen worden. Ich schloss die Augen wieder, diesmal für eine längere Zeit, um zu testen, ob es tatsächlich heller geworden war. Um mich nicht in Illusionen zu verlieren, wiederholte ich immer wieder: Du wurdest in Granada verhaftet, jetzt bringt man dich nach Madrid, morgen wirst du dem spanischen Richter vorgeführt, der über deine Auslieferung an die Türkei entscheiden wird. Es war hilfreich. Als ich meine Augen zum dritten Mal öffnete, war die Sonne, die am Horizont aufging, derart schön, derart prächtig und derart wirklich, dass die mich erwartende Madrider Zelle mitsamt ihrer Finsternis längst der Vergangenheit angehörte und zu Staub zerfallen war. Seit Jahren war mir die Morgendämmerung nicht derart romantisch erschienen. Die Nacht war vorbei. Der spanische Richter konnte nicht so herzlos sein, mich ins Gefängnis zu stecken!

Istanbul, Metris-Gefängnis, 9. August 2010

7. Kapitel

Sibirien

Einstein hat recht. Die Zeit ist wirklich relativ. In 24 Stunden hatte ich einen Zeitabschnitt von 24 Jahren durchlaufen. Als ich 1987 aus Sibirien entlassen wurde, war es noch nicht Mittag, und die Gefängnisse waren längst nicht an Zivilisten übergeben worden. Entlassen werden hieß keineswegs, am Tor freigelassen zu werden. Man wurde erneut ins Polizeipräsidium gebracht, erneut vernommen, und wenn nicht erneut ein Vergehen erfunden wurde, ab zum Militärdienst.

Vor 24 Jahren die Frage des Entlassungsbeamten, ob ich gedient hätte, mit einem Kopfnicken zu beantworten war eine weise Entscheidung. Man drückte mir meine Sachen in die Hand. Die Tür wurde geöffnet. Ein Soldat wurde beauftragt, mich bis zum Außentor des Gefängnisses zu begleiten. Am Tor sah ich als Erstes meinen damals dreieinhalbjährigen Sohn. Und er sah mich. Als er auf mich zulief, ohne sich um die Vorschriften zu kümmern, beschleunigte auch ich meine Schritte und begann schließlich zu rennen. Wohl oder übel musste der Soldat mitlaufen. Weder seine Jugend noch seine Uniform hinderten ihn daran, Verständnis zu zeigen. Mein Sohn Can und ich fielen uns wie bei einem Film mit Happy End in die Arme. *Papa, ist der Militärdienst vorbei?,* fragte er.

Ich dachte, er wäre es. Wie sich herausstellen sollte, war er es beileibe nicht!

Vor 24 Jahren hatten die Zellen eine andere Größe. In diesen Raum, in dessen Mitte ich nun, im August 2010, reglos stehe, würden niemals sechzehn Menschen passen. Unmöglich. Selbst wenn man fünfstöckige Etagenbetten baute, nicht. Es ist also festzustellen, dass in Sibirien eine bauliche Veränderung vorgenommen wurde. Ich inspiziere den Raum. Ein Metallschrank zu meiner Linken, ein Metallbett zu meiner Rechten. Darauf eine Decke, die man nicht berühren muss, um zu wissen, dass sie schmutzig ist, und schimmelige Bettwäsche. Aus dem Fenster zu sehen hätte keinen Sinn. Es herrscht Dunkelheit und eine unglaubliche Hitze. Ich bin nicht nur müde und unruhig, sondern auch von oben bis unten verschwitzt und staubig. Am liebsten würde ich unter die Dusche gehen, ohne mich auszuziehen. Dusche und Toilette befinden sich direkt rechts neben der Zellentür. Hinter einer weiteren Tür. Einer metallenen.

Ich drehe das Wasser auf. Die Nostalgie der Siebzigerjahre breitet sich in der Zelle aus. Ein langes Gluckern, sonst nichts.

Es ist also keine Einbildung. Ich bin in Istanbul.

Ach, stell dich nicht so an, sage ich mir selbst zum Trost. Du bist verdreckt, das Bett ist verdreckt, leg dich einfach hin und schlaf.

Während ich im Dunkeln zum Bett gehe, höre ich eine Stimme, die die Finsternis draußen erhellt. »İzzet!«

»Was ist?« (eine weitere Stimme)

»Die haben jemanden nach nebenan gebracht!« (aufgeregt)

»Ich hab nichts gehört.« (ruhig)

»Ja, mich«, schreie ich und nenne meinen Namen. »Ich komme aus Deutschland!«

»Ich bin Oktay«, sagt der mit dem guten Gehör. »Mein Bruder ist auch in Deutschland. Vielleicht kennst du ihn. Er ist Asylbewerber.« Er nennt mir den Namen.

Gute Neuigkeit. Wenn sein Bruder Asylbewerber ist, ist er selbst entweder Linker oder Kurde. Ich erkläre kurz, was mit mir ist. Oktay fragt: »Brauchst du irgendwas?«

»Ich brauch 'ne ganze Menge. Eine Zigarette wäre toll.«

Nach einer Stille von wenigen Sekunden die nächste Frage: »Hast du Feuer?«

»Nein.«

»Tee?«

»Nein.«

»Ein Buch?«

»Nein.«

»Papier?«

»Nein.«

»Einen Stift?«

»Auch nicht.«

»Abi«, ruft Oktay, »bist du sicher, dass du aus Deutschland kommst?« Er lacht.

»Doch, doch, ich komme schon aus Deutschland, aber die haben alles bei der Aufnahme beschlagnahmt.« Ich lache auch.

»Mach dir keinen Kopf. Das wird erledigt.«

Wenn er die Passivform benutzt, ist dieser Oktay garantiert Revolutionär, kombiniere ich.

Für einige Minuten herrscht Stille in Sibirien. Sollte Oktay einschlafen, bevor die Sache mit den Zigaretten erledigt ist, dann gute Nacht!

»Zieh an dem Aufzug!« (Oktays Stimme)

»Wie bitte?« (meine Begriffsstutzigkeit)

»Der Aufzug, zieh dran! Die Schnur am Fenster. Zieh dran. An der oberen.« (Oktays Aufklärung, um mir auf die Sprünge zu helfen)

Am Fenster baumeln tatsächlich mehrmals geknotete Schnüre aus Lakenstoff. Ich beginne, an der oberen zu ziehen. An deren Ende hängt eine schwarze Plastiktüte. Ziemlich voll. Der Inhalt:

Ein Päckchen amerikanischer Zigaretten.

Ein Feuerzeug.

Schwarzer Tee in einer Plastikflasche.

Ein Buch (*Anabasis* von Xenophon).

Ein Kugelschreiber (blau).

Drei Blatt DIN-A4-Papier.

»Vergelts Gott.« (ich, als Dank gewissermaßen)

»Gern geschehen.« (Oktay)

Dass ich kein Glas habe, ist zwar kein Problem, aber die Plastikflasche ist brennend heiß. Ich ziehe mein T-Shirt aus und wickele es um die Flasche. Eine hastige Zigarette. Schadet der Gesundheit, zugegeben, aber nicht in diesem Augenblick.

Zu sagen, ich sei glücklich, wäre übertrieben, aber dass ich mit jedem Atemzug fühle, dass mein Gefühl, in den Abgrund zu stürzen, ein wenig gemildert wird, entspricht der Wahrheit. Und ungelogen, genau in diesem Augenblick schießt das Wasser mit einer Fontäne aus der Leitung. Wenn ich mich mit der Zigarette in der Hand unter die Dusche stellte, wäre ich wie der Held in *The Last Jazz.* Ich beeile mich mit dem Rauchen, ziehe mich aus und steige unter die Dusche. Bei vierzig Grad Hitze gibt es nichts Erfrischenderes als eine kalte Dusche!

Ich wasche nicht nur mich selbst, sondern auch meine Klamotten, das Laken, die Bettwäsche und die Decke. Ohne Seife. Meine Seele ist reich. Nur eine Hängematte fehlt mir.

Nach einer guten halben Stunde habe ich meinen Tee ausgetrunken, meine Wäsche, soweit es die Gegebenheiten erlauben, aufgehängt und laufe splitternackt in der Zelle auf und ab. Es ist mir scheißegal, ob irgendwo eine versteckte Kamera ist oder nicht.

»Hallo Deutschländer-*Abi!*« (muss Oktay sein)

»Ja, bitte?«

»Jetzt erzähl mal. Warum bist du aus Deutschland hierhergekommen? Hat dich der Hafer gestochen?« (vorwurfsvoll)

»Nein, das nicht. Aber ich konnte nicht anders. Ich musste meinen Vater besuchen.« (mein Versuch der Rechtfertigung)

»*Abi*, wie alt bist du eigentlich?« (Neugierde)

»Dreiundfünfzig.« (die reine Wahrheit!)

»*Dayı*, du bist ja ein Opa! Was suchst du hier? In deinem Alter? Bist du noch bei Trost? İzzet, hast du gehört? Der *abi* ist dreiundfünfzig!«

Da sie beide lachen, können İzzet und Oktay höchstens dreißig sein, denke ich, und das beklemmende Gefühl in mir schwindet völlig.

Trotzdem war in jener Nacht nicht an Schlaf zu denken. Wenn ich die Augen schloss, erschienen mir die sorgenvollen Gesichter meiner Tochter Ceren und meines Sohnes Can, wie sie versuchen zu lächeln. Ich hatte ihre Ängste nicht ernst genommen und alles getan, um ihre Versuche, mich von der Reise abzubringen, im Keim zu ersticken. Obendrein hatte ich versprochen, im neuen Jahr zurück zu sein. Mir war bewusst, dass ich nicht einen einzigen weiteren Tag im Gefängnis würde überleben können, wenn ich im Januar 2011 nicht wieder in Köln wäre. Mich hätten nicht die Haftbedingungen umgebracht, sondern diese zweite Schuld, die ich meinen Kindern gegenüber auf mich geladen hatte.

12. September 1980, Trabzon; 18. Mai 1985, Izmir

8. Kapitel

Erste Schuld

Es waren schwere Zeiten. Tag für Tag lebten wir mit der Gefahr, gefasst, gefoltert, ja sogar getötet zu werden, und dennoch gelang es uns, unserem Umfeld vorzugaukeln, ein schlichtes und sorgenfreies Leben zu führen. Ayşe und ich. Wir lebten beide im Untergrund, und als sich im April 1981 unsere Wege kreuzten, war Ayşe Krankenschwester an der Hacettepe-Klinik in Ankara. Abends setzte sie ihr Studium fort. Ich studierte Geschichte am Erziehungswissenschaftlichen Institut Trabzon, an der sozialwissenschaftlichen Fakultät, hatte aber nach dem Putsch vom 12. September 1980 keinen Fuß mehr in die Fakultät gesetzt und die Stadt verlassen, nachdem meine Freunde ausnahmslos verhaftet worden waren.

Führende Mitglieder konservativer, sozialdemokratischer, faschistoider, islamistischer Parteien, die erst in den Neunzigern auf die politische Bühne zurückkehren sollten, waren festgenommen worden. Gewerkschaften, Regierungs- und Oppositionsparteien hatten nicht zum Widerstand gegen die putschenden Generale aufgerufen. Das taten nur die linksradikalen Organisationen; als eigentliche Zielscheibe des Putsches waren sie in kürzester Zeit aufgelöst worden.

Eigentlich wäre es das Klügste gewesen, ins Ausland zu fliehen oder sich zurückzuziehen und abzuwarten, bis sich die Wogen geglättet hatten. Die Wut in mir, im Mai 1975 im Istanbuler Polizeipräsidium gefoltert worden zu sein, muss so unbändig gewesen sein, dass es mir nicht in den Sinn kam, mich ins Ausland abzusetzen oder mich aus allem zurückzuziehen. Ich schloss mich der TDKP an, der Revolutionären Kommunistischen Partei der Türkei, die 1980 gegründet wurde.

Im April 1981 war mein einziges Ansinnen, Kontakt zu den noch auf freiem Fuß befindlichen Freunden aufzunehmen und eine neue Widerstandsbewegung ins Leben zu rufen. In der Hauptstadt erwartete mich eine Welle der Panik. Wie in den anderen Städten hatten sich auch hier die letzten Gruppen, die Widerstand versuchten, aufgelöst und waren in alle Winde verstreut. Es gelang mir, Kontakt zu dem Schriftsteller Ali Balkız und seiner Frau aufzunehmen, die ich zu einer früheren Zeit kennen- und schätzen gelernt und sehr vertrauenswürdig gefunden hatte. Ali Balkız ist übrigens einer der Überlebenden des Sivas-Pogroms vom Juli 1993, bei dem während eines Kulturfestivals das Hotel der Teilnehmer von islamistischen Fanatikern (im Wesentlichen handelt es sich dabei um die Hauptakteure der heutigen Erdoğan-Regierung und deren Anhänger) angezündet wurde und bei dem 37 Aleviten und Atheisten in den Flammen starben.

Nach dem Putsch von 1980 versuchten Ali Balkız und seine Frau, einer Verhaftung zu entgehen, indem sie mit ihrem etwa fünfjährigen Sohn ständig den Wohnort wechselten. Sie ließen mich wissen, dass sie nicht länger in Ankara untertauchen konnten. Da waren aber auch noch andere Menschen, die in großer Gefahr waren. Eine von ihnen war Ayşe Şükran Ünver, mit der ich meine nächsten zwanzig Jahre verbringen würde.

Eine andere Person, die ich ausfindig machte, war die Freundin meines besten Freundes und Vertrauten Mustafa Şevik. Nennen wir sie *Senem.* Mustafa war unser Bester, ein Bild von einem Mann, ein begnadeter Redner und auch der Mutigste von uns. Er war der Regionalvertreter einer Jugendföderation, die in fast allen Kleinstädten der Türkei Zweigstellen hatte und Tausende Mitglieder vorweisen konnte. Er fuhr oft zu Vorstandssitzungen der Organisation nach Istanbul oder Ankara. Als er im Sommer 1980 aus Ankara zurückkehrte, erzählte er mir, dass er von seiner Freundin, einer Physikstudentin aus Ankara namens Senem, verlassen worden war. Die Trennung hatte ihn so aus der Bahn geworfen, dass er das Studium kurz vor dem Abschluss hinschmiss. Sowieso war es schier unmöglich geworden, in Trabzon weiterzustudieren. In der Stadt gab es ständig Auseinandersetzungen zwischen ultranationalen und linksradikalen Studenten. Schließlich tauchten paramilitärische Banden auf, und jeden Tag wurden Studenten zu Hause oder auf dem Weg zur Uni getötet. Es war ein regelrechter Bürgerkrieg, die verzweifelten Eltern versuchten vergeblich zu begreifen, was geschah. Sicherheit an Leib und Leben war das, was die Gesellschaft am dringlichsten einforderte.

Mustafa und ich hatten uns der Agitation der Teeanbauer der östlichen Schwarzmeerregion verschrieben. In jenen Jahren lebte eine halbe Million Menschen vom Teeanbau. Heutzutage werden es wegen der Stadtflucht vermutlich nur noch halb so viele sein. Die Teefabriken waren sämtlich staatlich, und der Staat war verpflichtet, die gesamte Ernte der Teeanbauer aufzukaufen und weiterzuverarbeiten. Als die Teefabriken die Abnahmemengen 1980 drastisch reduzierten, sahen sich die bislang wohlhabenden Teeanbauer plötzlich von Verarmung bedroht. Gemeinsam mit unseren Freunden in der Region verteilten wir Dutzende von Flugblättern. Wir hielten Versammlungen ab. Und während die Generale Putschvorbereitungen trafen, gelang es uns, die Bauern zu friedlichen Kundgebungen zu versammeln, denen als Selbstläufer neue Protestaktionen folgten.

Tagsüber waren wir mit unseren politischen Aktivitäten voll ausgelastet. Die Nächte verbrachten wir mit langen Gesprächen. Ich hatte damals schon gespürt, dass Mustafas Studienabbruch und sein lebensgefährdendes Vorpreschen in die heftige politische Auseinandersetzung der Versuch waren, mit Senems Abweisung fertigzuwerden. Wir standen in aller Frühe auf, schrieben Flugblätter, vervielfältigten sie mit primitivsten Mitteln, begaben uns dann auf den Weg in die Dörfer, um den Leuten zu erzählen, wie ungerecht der Staat sie behandele und dass sie glücklich werden würden, wenn wir die Revolution schafften.

Die Nächte gehörten uns. Wir tranken nicht, aber wir rauchten so viel, dass uns gegen Mitternacht die Augen tränten von dem Qualm. In den schlaflosen Nächten wälzten wir die Probleme dieser Welt, von China über Kanada bis hin zu Südafrika und Finnland. Wir fanden Parallelen zwischen der russischen, der chinesischen, der albanischen und der kubanischen Revolution einerseits und den Entwicklungen in der Türkei andererseits, diskutierten, inwiefern die Lage in der Türkei Ähnlichkeit mit den Regimen von Mussolini, Hitler beziehungsweise Franco aufwies, und waren uns einig darüber, dass der Faschismus keineswegs mit friedlichen Mitteln zu besiegen sei. Unser Wissen reichte nicht aus, um zu analysieren, wie Spanien, Portugal und Griechenland auf friedlichem

Weg von den faschistischen Diktaturen befreit werden könnten. Am Ende landeten wir jedes Mal wieder bei Senem, dem Mädchen aus Ankara.

Eines Tages war es bei der Protestaktion mit enormer Beteiligung zu Auseinandersetzungen gekommen. Mustafa wurde, von fünf Kugeln verletzt, in das staatliche Krankenhaus in Rize gebracht. Als sich sein Zustand verschlechterte, wurde er am 5. September 1980 in das staatliche Krankenhaus in Trabzon verlegt. Trotz seiner Verletzungen war er noch im Krankenwagen Misshandlungen ausgesetzt und starb, unmittelbar nachdem seine Mutter aus Adana an sein Krankenbett geeilt war, in der Klinik. Senem jedoch hatte es sich, kurz nachdem sie sich von ihm getrennt hatte, anders überlegt, sich längst auf den Weg in die Schwarzmeerregion gemacht, um ihn zu besuchen, und, als sie ihn nicht in Trabzon antraf, sich bei einem ihrer Verwandten einquartiert, um auf Mustafa zu warten. Dass sie gekommen war, um seinen Heiratsantrag anzunehmen, sollte ich in der Nacht des 11. September erfahren, als sich in Ankara die Panzer allmählich in Bewegung setzten.

Ayşe Ünver lernte ich über diese Senem kennen. Senem war es dank der Hilfe ihrer Kollegen gelungen, den Polizisten zu entkommen, die sie am Arbeitsplatz festnehmen wollten. Sie bat mich, ihrer Freundin Ayşe Ünver, die im Schwesternwohnheim der Hacettepe-Klinik wohnte, auszurichten, dass sie sich in Gefahr befinde und unverzüglich den Arbeitsplatz verlassen solle. Ich machte diese Ayşe ausfindig, und als sie sagte, dass sie nicht wisse, wohin sie solle, brachte ich sie in das Haus meiner Cousine, wo ich selbst untergetaucht war, und stellte sie der Einfachheit halber als meine Verlobte vor.

Am nächsten Tag machten wir uns gemeinsam mit dem Bus auf den Weg nach Istanbul.

Dort kannte ich einen einzigen Menschen, der uns hätte helfen können. Meinen Erdal Abi.

Erdal war jemand, der sich nicht unmittelbar mit Politik befasste, der Fußball, Trinken und Fasıl-Musik sehr liebte. Ein großer blonder, stattlicher, sehr anziehender Mann. Ich habe nicht erlebt, dass er jemals abgewiesen worden wäre. Bei Morgenanbruch standen wir, fünf Menschen auf der Flucht, vor seiner Tür. Erdals Frau öffnete uns. Sie freute sich, mich zu sehen. Die vier Fremden neben mir, drei Erwachsene und ein Kind, verwunderten sie nicht im Geringsten.

In den darauffolgenden Tagen wurden Ayşe, Senem und ich von meinem Bruder zu einem Lehrerehepaar gebracht. Für Ali und Hatice Balkız und ihren Sohn fand er eine andere Bleibe.

Bis Ende 1981 versteckte ich mich bei dem Lehrerehepaar. Die Polizeirazzia, die ich in *Tage ohne Vater* beschreibe und meinem Romanhelden Mehmet Nazım zuschreibe, fand in dieser Wohnung statt. In jener Nacht las ich, im Gegensatz zu Mehmet Nazım, nicht etwa Turgenjews Buch *Väter und Söhne,* sondern den sowjetischen Propagandaroman *Um 13 Uhr, Eure Exzellenz* von Arkadi Wassiljew.

Es hat mir damals gefallen, dass dem im Buch beschriebenen Nazideutschland im Zweiten Weltkrieg keine Zeit zum Atemholen gelassen wurde. Als ich später nach Deutschland kam und mich mit der Geschichte dieses Landes vertraut machte, kam ich nicht umhin zu denken, dass das Beste, was Deutschland hatte zustoßen können, die totale Zerstörung gewesen war. Deutschland hatte die Chance erhalten aufzuatmen, indem es dem Erdboden gleichgemacht worden war!

Es dauerte nicht lange, den Kontakt zu Freunden herzustellen, die in Istanbul noch auf freiem Fuß waren, und solchen, die uns von Deutschland aus helfen konnten. Wir beschlossen, die völlig auseinandergerissenen Verbindungen wiederherzustellen und den Putschisten Widerstand zu leisten. Ich ging in die Provinz Izmir, weil man mich dort nicht kannte und auch nicht suchte. Ayşe und die anderen blieben in Istanbul.

Am Tag meiner Abreise ließ mich Senem wissen, dass sie das Leben im Untergrund nicht mehr ertrage und sich stellen werde. Senem stammte aus wohlhabendem Haus und war meines Erachtens diejenige von uns fünf Überlebenskünstlern in Istanbul, die ihre Lage am realistischsten beurteilen konnte. Eine Pragmatikerin. Ich nahm an, dass sie sich nicht zuletzt auf den Einfluss ihrer Familie verließ. Tatsächlich kehrte sie wenige Monate später zu ihrer Familie zurück und wurde von dieser der Polizei übergeben. Es war nicht einfach damals, jemanden wieder aus den Klauen der Polizei zu befreien. Wahrscheinlich hat ihre Freilassung die Familie eine Menge gekostet. Ali Balkız und seine Ehefrau wurden kurze Zeit später in Istanbul gefasst.

In Izmir angekommen, wollte ich mich mit drei Leuten treffen, an die ich auf äußerst geheimen Wegen gelangt war. Zu den ersten beiden Treffen erschien niemand. Der Mann, der zum dritten Treffen kam, nahm mich mit zu sich, zu einer Arbeiterfamilie. Ich hatte nie zuvor eine Wohnung gesehen, in der es in jeder Ecke so sehr nach Armut roch wie in dieser. Er selbst hatte längst keine Arbeit mehr, seine Frau schuftete in einer Fabrik. Eine der intelligentesten Frauen, denen ich im Leben begegnet bin, doch hatte sie ihr Leben lang kein Plätzchen und keine Waffel gegessen. Ihr Gesicht sehe ich heute noch vor mir, aber ich kann mich weder an ihren Namen erinnern noch an den der Fabrik, in der sie arbeitete. Wenn sie mir einfielen, würde ich ihr gern eine Lastwagenladung Plätzchen und Waffeln zukommen lassen.

Ein Jahr später wurden in Izmir Gruppen gegründet, an denen etwa zweihundert Studenten, Lehrer und Arbeiter aktiv teilnahmen. Wir hatten uns zwar die Bolschewisten zum Vorbild genommen, aber unser Verbindungsnetz war geheimer als ihres. Als ich im Mai 1985 verhaftet wurde, behaupteten die Vernehmer, um den Eindruck zu erwecken, dass sie alles über uns wussten, das Zentralkomitee befinde sich in Köln, und nannten auch die Namen der Komiteemitglieder. Jahre später erfuhr ich, dass sie nicht geblufft hatten. Bereits Ende 1982 war die Istanbuler Wohnung, in der sich Ayşe versteckt hielt, von der Polizei gestürmt und ihr Mitbewohner verhaftet worden. Ayşe selbst war dank der Warnung durch Nachbarn verschont geblieben. Nachdem alle Wege versperrt waren, hatte sie wieder bei meinem Erdal Abi Unterschlupf gefunden.

Als ich zu einem Treffen mit Ayşe unterwegs war, fragte ich mich, warum ich dieser Frau, in die ich mich auf den ersten Blick verliebt hatte, keinen Heiratsantrag machte. Ich war 25 Jahre alt und hatte mich bislang zwar oft, aber rein platonisch verliebt. Meist in Frauen, die etwas älter als ich und für mich unerreichbar waren, wie die Filmschauspielerinnen Sophia Loren oder Türkan Şoray. Ich hatte noch nie einer Frau eine Liebeserklärung gemacht. Ich hatte auch nicht die geringste Idee, wie ich mich Ayşe erklären sollte. Als wir uns trafen, halfen mir auch die Liebesgeschichten nicht, die ich aus Büchern und Filmen kannte. Die ersten zwölf gemeinsamen Stunden verbrachten wir mit der »Auswertung der politischen Situation« und unseren Vermutungen, wie lange die militärische Phase anhalten würde. Bei der erstbesten Gelegenheit sagte ich, komm, lass uns heiraten, dann ist auch die gemeinsame Flucht einfacher.

Die Menschen in Izmir waren damals sehr solidarisch und tolerant. Sie taten uns den Gefallen, uns unsere erfundene herzzerreißende Liebesgeschichte abzunehmen. Weil unsere Familien gegen unsere Heirat waren, so erzählten wir ihnen, waren wir nach Izmir durchgebrannt. Deshalb hatten wir noch keine Arbeit. Es war nicht schwierig, ein Häuschen im Westen von Izmir, an der Landstraße nach Urla gelegen, anzumieten. Versteckt zwischen Orangen-, Mandarinen- und Eukalyptusbäumen. Ein Örtchen, das sommers von Touristen wimmelte und in dem ab Herbst nur fünf oder sechs Schornsteine rauchten. Wir hatten uns eine gut erdachte Identität zurechtgelegt. Die Orangen- und Mandarinenhaine gehörten einem gehörlosen alten Mann. In der Saison schenkte er uns täglich einen Beutel voll Obst. Wir hatten von Anfang an keine Verständigungsschwierigkeiten. Er hatte eine eigene Zeichensprache entwickelt. Unser einziges Problem war, uns ihm bemerkbar zu machen, wenn seine Tür verschlossen war. Viel später erfuhren wir, dass er aus diesem Grund die Haustür niemals abschloss.

Unser Vermieter war ein reicher Kaufmann. Werktags kam er mit zwei Plastiktüten voller Geldscheine heim. An den Abenden, an denen er sich betrank, luden wir uns selbst bei ihm ein, damit er nicht auf die Idee kam, Frau und Kinder zu verprügeln. Und unser Nachbar, der Verkehrspolizist, hatte, bevor er nach Izmir kam, in Fatsa gearbeitet.

Die Kleinstadt Fatsa in der östlichen Schwarzmeerregion wurde zu einem der Auslöser des Putsches vom 12. September 1980 erklärt. De facto herrschte Bürgerkrieg im ganzen Land. Nicht etwa wegen der PKK. Die spielte im damaligen politischen Leben praktisch keine Rolle. Es gab eine Unmenge von linken Organisationen, aber die für den Staat bedrohlichste war Dev-Yol. Adnan und Neşe Keskin, die maßgeblich an meiner Flucht ins Ausland beteiligt waren, waren aktive Mitglieder dieser Organisation.

Fikri Sönmez, der nach den Kommunalwahlen vom 14. Oktober 1979 als *Terzi Fikret* (Fikret der Schneider) zu Ruhm kam, war unabhängiger Kandidat in Fatsa. Er genoss die Unterstützung von Dev-Yol und gewann die Wahl. Sein politisches Selbstverständnis wich stark vom Bild eines herkömmlichen Bürgermeisters ab. Er veränderte die Verwaltungsstruktur, teilte die Kleinstadt in zwölf Untereinheiten ein und errichtete Volkskomitees. Er ließ alle zwei Monate Volksversammlungen abhalten, bei denen die kommunale Politik hinterfragt werden durfte – damit sich die Bürger aktiv beteiligen und den Politikern auf die Finger schauen konnten. Weil er Themen wie Gewalt gegen Frauen, Spiel- und Alkoholsucht bei Männern auf die Tagesordnung setzte, genoss er große Unterstützung durch die Frauen. Eine seiner wichtigsten Selbstverwaltungsaktionen war die Austrocknung eines Sumpfgebiets im Bezirk. Anschließend organisierte er ein Kulturfestival, das landesweit beachtet wurde und an dem viele Intellektuelle und Künstler teilnahmen.

Während Fatsa sich in kurzer Zeit zum Vorzeigemodell der sozialistischen Linken entwickelte, wurde Fikri Sönmez von der rechten Presse und konservativen Politikern als gefährlicher Kommunist abgestempelt und zur Zielscheibe erklärt. Nicht zuletzt aus Gründen der Konkurrenz und Verblendung erhielt er nicht genügend Unterstützung und Rückhalt durch die anderen linksradikalen oder linksliberalen Organisationen, um die Angriffe auf Fatsa verhindern zu können.

Am 11. Juli 1980 war Fatsa einer Militäroperation ausgesetzt, die »Punktoperation« genannt wurde. Die Kleinstadt wurde mit Panzern umstellt. Fikret der Schneider rief die Bevölkerung dazu auf, keinerlei Widerstand zu leisten, und verhinderte damit höchstwahrscheinlich ein Blutbad. Nach der Besetzung des Rathauses durch die mit Panzern einmarschierten Militärs wurde der Bürgermeister unter dem Vorwurf, eine Geheimorganisation gegründet zu haben, von seinem Schreibtisch weg verhaftet. Jeder, auf den ein Finger der vermummten Spitzel deutete, wurde abgeführt. Dieser mutige Bürgermeister starb fünf Jahre später, Anfang Mai 1985, im Gefängnis.

Jener Polizeibeamte, der ab 1982 unser Nachbar war, erzählte bei jeder Gelegenheit Geschichten von der Operation in Fatsa, an der er beteiligt gewesen war. Er wähnte sich wegen seines Berufs ohnehin in Sicherheit. Dass wir uns näherkamen, war einem Abszess zu verdanken, der plötzlich am Knie seines Sohnes aufgetaucht war. Ayşe hatte nicht verheimlicht, dass sie Krankenschwester war. Dass sie ihrer Arbeit nicht nachging, schob sie notgedrungen auf mich. Ihr Ehemann wollte nicht, dass sie arbeitete! Der wahre Grund war ein anderer. Ayşe war nicht nur Krankenschwester, sondern auch Gewerkschafterin und als solche in allen Krankenhäusern bekannt. Seit dem Putsch stand ihr Foto auf den Fahndungsplakaten, die in allen öffentlichen Gebäuden hingen.

Ayşe übernahm die Behandlung des fast zehnjährigen Polizistensohnes. Sie verabreichte ihm die Antibiotika-Spritzen, wechselte den Verband und lehnte eine Bezahlung ab. Der Polizist aß nach Feierabend schnell zu Abend, schnappte sich Frau und Söhne und kam fast jeden Abend zu Besuch zu uns, erzählte genüsslich und in aller Ausführlichkeit, wie sie Fikret den Schneider festgenommen und wie sie einen Kommunisten nach dem anderen geschnappt hatten. Ja, er zeigte uns sogar die Urkunde, die er zur Anerkennung seiner diesbezüglichen besonderen Leistungen erhalten hatte.

Das ging so weiter, bis man uns fasste, also bis zum 18. Mai 1985.

Ich erfuhr im Nachhinein, dass unser Nachbar, der Polizist, sich nach unserer Festnahme auf dem Polizeipräsidium in Izmir, wo wir gefoltert wurden, auf die Suche nach uns begeben hatte. Ich erhielt davon Kenntnis, weil ich bei meiner Vernehmung auch zu ihm befragt wurde. Der Mann war persönlich zum Polizeipräsidium gekommen und hatte gefragt, warum man seine Nachbarn festgenommen habe. Er habe sich nach unserem Befinden erkundigt und kundgetan, dass er unseren damals sechzehn Monate alten Sohn zu sich nehmen wolle, ein Kleinkind, das nicht die geringste Chance hatte zu begreifen, was seinen Eltern zugestoßen war.

Mir war es wichtig, diesem Polizeibeamten in meinem Buch *Fasıl* Raum zu geben, in dem ich, in zwei Monologen, die Folter aus der Perspektive des Täters und des Opfers thematisiere. Denn sein Verhalten hat einen gewichtigen Platz in meinen Erinnerungen eingenommen. Einerseits erzählte er mit großem Vergnügen, wie er in Fatsa Revolutionäre gejagt hatte, andererseits brachte er sich selbst in Gefahr, um sich seiner Nachbarn anzunehmen, die so waren wie jene, die er mit Vergnügen gejagt hatte. Der Chef der Vernehmung, der unsere Folter leitete, hatte ihm schließlich damit gedroht, auch ihn als Organisationsmitglied festzunehmen. Während der Vernehmung des Polizisten schimpfte er vor sich hin, dass in einem Land, in dem es so törichte Polizeibeamte gebe, die zweieinhalb Jahre nicht merkten, dass ihre Nachbarn Kommunisten seien, man sich nicht wundern dürfe, wenn der Kommunismus im Land Einzug hielt.

Dazu kam es nicht. Vierzig Jahre später entwickelt sich die Türkei zum Hofstaat von Erdoğan, der sich mit jedem Tag mehr in einen faschistoiden Despoten verwandelt und dessen Reden von nationalistischen, islamistischen Vokabeln durchzogen sind.

Ayşe nahm in unserer Zeit in Izmir aus den genannten Gründen an den politischen Aktivitäten nicht teil, verschaffte mir jedoch Kontakte zu ihren früheren Bekannten. Die Erste davon war eine ihrer Kolleginnen. Weil sie immer noch mit ihrem Mann in Izmir lebt, behalte ich die wahren Namen für mich. Nennen wir die Krankenschwester *Fatoş* und ihren Mann *Meister.*

Dass der Meister studierter Naturwissenschaftler war, erfuhr ich Jahre später. Als ich ihn kennenlernte, war er ein Handwerker, der, gemeinsam mit Fatoş, in einem Raum seines Hauses jedes erdenkliche Musikinstrument bauen konnte. Ich bot mich ihm auf der Stelle als Lehrling an. Er tat mir den Gefallen. Wenn ich einen derart abwegigen Beruf wie den eines Musikinstrumentenbauers hätte, war meine Überlegung, würde kein Polizist Verdacht schöpfen, und es käme niemand auf die Idee, dass ich einer Organisation angehört haben könnte, die sich früher einmal mit gefährlichen Dingen beschäftigt hatte.

Auch Fatoş hatte, genau wie Ayşe, ihren Beruf als Krankenschwester an den Nagel gehängt, weil man sie in Izmir kannte, und sich gemeinsam mit dem Meister dem Instrumentenbau verschrieben.

Und so wurde ich Instrumentenbau-Lehrling. Tagsüber fertigte ich Instrumente, die in der Türkei, in arabischen Ländern, im Iran, in Aserbaidschan und Armenien gespielt wurden, allen voran die Ud. Nachts verfasste ich Flugblätter, ließ sie dank einer ausgeklügelten Methode Leuten zukommen, dic ich nicht von Angesicht kannte. Die wiederum vervielfältigten diese Flugblätter und leiteten sie in die Verteilungskanäle weiter. Auch die Zeitschrift, die wir nach dem Putsch erst vierzehntäglich, in den folgenden Jahren monatlich herausgaben, verteilten wir auf dieselbe Art und Weise, bis zu jenem Tag, an dem ich gefasst wurde.

Als mein Meister, Fatoş und ich eine größere Werkstatt suchten, lernten wir die meines Erachtens wichtigste Figur meines Buches *Die verschwundenen Meere* kennen, Ümit Bey.

Der Vermieter unserer neuen Werkstatt war der attraktivste Mann über fünfzig, den ich bis dahin gesehen hatte, der gelehrteste noch dazu. Sein Wissen war nicht ideologisch geprägt. Er hatte eine wesentlich jüngere Ehefrau und zwei Töchter. Dass das Leben viel größer war als die marginale Organisation, in der ich feststeckte, erkannte ich, als ich diesen Ümit Bey kennenlernte. Er beließ es nicht dabei, uns die Räume unter seiner Wohnung als Werkstatt zu vermieten. Er fand auch jede Menge Bücher zum Thema Musiktheorie und Instrumentenbau.

In seiner Jugend hatte er sich von Izmir aus zu Fuß auf den Weg gemacht und war bis zur chinesischen Grenze gewandert. »Ich bin in die falsche Richtung los«, klagte er. »Wäre ich in den Westen gegangen, wäre ich als reicher Mann zurückgekehrt.«

Er war ein sehr weiser Mensch und hatte gleich mitbekommen, dass ich kein Handwerker war. Er verlor kein einziges Wort darüber, um mich nicht zu beschämen. Wie man fischt, wie man sich auf offener See orientiert, die Besonderheiten des Garnelennetzes und jede Menge Wissenswertes über die amerikanische und europäische Filmwelt vor 1940 habe ich von ihm gelernt.

Als Can geboren wurde, kam er unangekündigt an und sagte geradeheraus: »Ich weiß nicht, was für ein Leben du geführt hast, bevor wir uns kennenlernten. Aber das kannst du nun nicht mehr weiterführen. Du hast jetzt ein Kind. Kein Ideal kann jemals so wichtig sein wie dieses Kind.«

Recht hatte er. Mein gerade geborener Sohn war die bedeutendste Verantwortung meines Lebens. Obwohl ich jedes einzelne Wort Ümit Beys in mich einsog, führte ich meine politische Arbeit fort, bis ich im Mai 1985, gemeinsam mit Ayşe und meinem Sohn Can, verhaftet wurde.

Dies ist es, was ich als meine erste Schuld bezeichne.

Izmir, 18. Mai 1985

9. Kapitel

Fasıl-Land

Das Wort *Fasıl* hat im Türkischen acht Bedeutungen. Die bekannteste ist die Bezeichnung für eine Musikform der persisch-arabisch-türkischen Klassik. Mein Folterer war ein Liebhaber der Fasıl-Musik. Sein Gesicht kenne ich nicht. Der Fasıl war das Einzige, was uns verband. Die Umstände hatten uns für nahezu einen Monat am selben Ort zusammengeführt. Als Täter und Opfer. Dass er während der Folter Fasıl-Musik zum Besten gab, verstörte mich. Meist summte oder sang er Passagen, manchmal hatte er seine Kanun dabei, ein Saiteninstrument. *Kanun* heißt auf Türkisch »das Gesetz«.

Meine Kenntnisse über Fasıl irritierten wiederum ihn. Er kennt mein Gesicht. Auch wenn mir die Augen verbunden waren, muss sich mein Gesicht dahinter in sein Hirn eingebrannt haben. Ein Gesicht, das er dreißig Tage lang während der Foltersitzungen ansehen musste. In meiner Erinnerung hingegen gibt es kein Gesicht, für das ich Sympathie oder Hass empfinden könnte. Hatte der Mann, der Fasıl-Musik zum Besten gab und der Stimme nach in den Vierzigern sein musste, einen

Schnäuzer? War er groß gewachsen? Hatte er, wie viele seines Alters, ein hervortretendes Bäuchlein?

Ich weiß es nicht.

Ich finde es sehr schwierig, Hass auf einen Menschen zu entwickeln, dessen Gesicht ich niemals gesehen habe. Unmöglich.

Um an diesen Ort zurückzukehren, muss ich ein wenig ausholen.

Der Meister und ich hatten gut gearbeitet, und wir hatten uns eine größere Instrumentenwerkstatt außerhalb der Stadt zugelegt, im Dorf Güzelbahçe, das auf einem Hügel stand, mit Blick auf die Bucht. Ein winziges Örtchen, das fast nur aus ein paar kleinen Läden und einem Platz bestand, an dem der halbstündlich nach Izmir fahrende Bus hielt.

Anfang Mai 1985 war uns zu Ohren gekommen, dass die Polizei uns auf der Spur war. Nach eingehender Lagebewertung beschlossen Ayşe und ich, Izmir zu verlassen. Wir würden Can zunächst bei Erkan Abi, der in einer anatolischen Kleinstadt als Lehrer arbeitete, und seiner Frau lassen und wieder zu uns holen, sobald wir uns eine neue Existenz aufgebaut hatten.

Ich eröffnete dem Meister, dass ich die Stadt verlassen wolle und dass dies mein letzter Arbeitstag sei. Er hatte kein Bargeld zur Hand und ging hinunter in die Stadt, um mich auszahlen zu können. Ich arbeitete bis zum Einbruch der Dunkelheit. Gegen acht Uhr abends war der Meister mit dem Geld zurück.

Als ich mich von ihm verabschiedete, fand ich die Straßen etwas belebter als in den Tagen davor. Etwas ruhiger wäre mir lieber gewesen. Aber ich hielt es für unwahrscheinlich, dass sich zu dieser Tageszeit jemand zur Werkstatt durchfragen könnte. Ich wechselte einige Male die Richtung, um sicher zu sein, nicht verfolgt zu werden. Auf dem Platz in Güzelbahçe war nicht viel los. Noch zehn Minuten bis zur Abfahrt des Busses, mit dem ich heimfahren wollte. Um mir die Zeit zu vertreiben, betrat ich den einzigen offenen Laden und kaufte mir die Zeitungen *Hürriyet* und *Cumhuriyet.* Die *Cumhuriyet* zu lesen, war gefährlich (ist es jetzt wieder), deshalb steckte ich sie in die *Hürriyet.* Der Bus fuhr vor. Außer mir saßen etwa zehn Männer, einzeln oder zu zweit, in den Sitzreihen. Alles schien wie immer zu sein. Ich würde am Ufer, an der Abzweigung nach Izmir, aussteigen und mit einem anderen Bus in den Westen fahren. An den Haltestellen stiegen einige Fahrgäste ein und aus. In ihrem Verhalten war nichts Ungewöhnliches. Als es so weit war, erhob ich mich und ging zur hinteren Tür.

Die Tür öffnete sich. Kaum war ich mit einem Fuß auf der Straße, da war ich schon von einer großen Gruppe von Männern eingekreist. Einige waren aus dem Bus ausgestiegen, andere kamen von draußen dazu. Bevor ich begriff, wie mir geschah, war ich bereits auf den Rücksitz eines weißen Pkws geworfen worden.

Der Wagen hielt an der Station der Verkehrspolizei, wo unser Nachbar arbeitete. Ich wurde hineingeführt. Man hatte Vorkehrungen getroffen, sodass die Verkehrspolizisten nicht mitbekamen, dass ich verhaftet worden war. Ich wurde durchsucht und dann hastig wieder in denselben Wagen gesteckt. Alle waren in Zivil. Es wurde keine einzige Frage gestellt. Das Auto hielt an einer verlassenen Stelle in der Nähe unseres Hauses. Ich konnte die nahen Wellen hören und die trocknenden Fischernetze riechen. Zwei weitere Wagen hielten neben uns an. Die Motoren wurden abgestellt, die Scheinwerfer ausgeschaltet. Lediglich die trübe Innenbeleuchtung des Fahrzeugs, in dem ich saß, blieb an.

Ich hatte einen gefälschten Ausweis bei mir, den ich auf

meinen bei einem Verkehrsunfall verstorbenen Cousin Ömer Oral ausgestellt hatte. Warum ich Ömers Personalien benutzte, ist leicht erklärt: Man misshandelte auch die, auf deren Namen gefälschte Dokumente ausgestellt waren. Ömer hätten sie nichts mehr antun können.

Sie fragten mich nicht nach meinem Namen. »Wir wissen, wer du bist, seit wann du in Izmir lebst, mit wem du seit zweieinhalb Jahren zusammenarbeitest, wie und wo ihr die Flugblätter und Zeitungen druckt und verteilt«, sagten sie. Sie waren ruhig. Sie drohten nicht.

Die Information, die mich aus der Bahn warf, hatten sie bis zum Schluss aufgehoben. Sie sagten, dass sie wissen, dass ich mit Ayşe zusammenlebe und ein Kind habe. Dann unterbreiteten sie mir ihr Angebot. Lediglich die Insassen des Fahrzeugs wüssten, wer ich sei, selbst ihre Kollegen hätten keine Information über meine wahre Identität, die Operation sei noch nicht eingeleitet. Sie würden mich freilassen, ich würde nach Hause zurückkehren und von da an für sie arbeiten. Ein überaus konkretes Angebot. Die Zahl derer allerdings, die ich durch meine eigene Hand in die Folter schicken würde, war zu groß. Ich erinnere mich, dass mein Magen sich zusammenkrampfte, und vor meinem geistigen Auge erschienen von Metzgerhaken baumelnde Menschenbündel, nackte Männer- und Frauenkörper.

»Nein«, sagte ich plötzlich, »ich bin nicht der, den Sie suchen.«

Sie bedrängten mich nicht weiter. Der Einsatzleiter, der das Angebot unterbreitet hatte, sprach ins Funkgerät den Befehl: »Holt die Frau und das Kind!«

Ich habe jetzt nicht die Kraft wiederzugeben, was sich bei der *Vernehmung* zugetragen hat. Eine bekannte Tatsache ist, dass zu dieser Zeit in der Türkei eine halbe Million Menschen gefoltert wurde, dass Hunderte unter der Folter starben und mindestens genauso viele sich als Folterer schuldig gemacht haben. Die Türkei ist so erfahren darin, staatlich legitimierte Gewalt zu verschleiern, sich der Vergangenheit nicht zu stellen, dass das Thema nie zur Sprache gebracht wird, obwohl es auch Regierungsmitglieder gibt, die gefoltert worden sind.

Was sich bei der Vernehmung zutrug, habe ich in Nuran David Çalış' Stück *Istanbul* zusammengefasst, das seit Mai 2017 am Schauspiel Köln aufgeführt wird. Dass ich dazu imstande war, ist nicht mein Verdienst, sondern das des Regisseurs Nuran David und des Dramaturgen Thomas Laue, die dafür sorgten, dass meine Geschichte in einem geschützten Raum erzählt wird.

Während ich jetzt diese Zeilen schreibe, während feststeht, dass mein freies Gefangenenleben in Madrid länger dauern wird als angenommen, hat mich die Nachricht erreicht, dass mein heute erwachsener Sohn Can meine Rolle in diesem Theaterstück übernehmen wird. Denn es wird mir nicht möglich sein, bei der Wiederaufnahme von *Istanbul* am 30. September 2017 dabei zu sein. Und damit hat das Stück eine Bedeutung erhalten, die über einen Diskurs um unsere Probleme, Erlebnisse und Standpunkte weit hinausgeht. In *Istanbul* habe ich vorrangig versucht, meine Verantwortungslosigkeit und mein Schuldgefühl gegenüber meinem Sohn zu erläutern. Die Quintessenz des Stücks ist meines Erachtens nichts Geringeres als unsere Sehnsucht danach, allen politischen Differenzen zum Trotz Gewalt und Diskriminierung aus unserem Leben auszuschließen und Gemeinsamkeiten zu schaffen, um dieselbe Luft atmen zu können.

Mein Sohn hatte bei der Premiere im Zuschauerraum gesessen. Später haben wir immer wieder über das Stück gesprochen. Ich wünschte, ich könnte ihm von den Tagen und Nächten erzählen, die er im Alter von sechzehn Monaten erleben musste. Aber ich fand keinen direkten Weg, es zu tun. Ich finde ihn auch heute nicht. Der mittelbare war die lange Erzählung *Fasıl*.

Nachdem ich 1985 in das Vernehmungszentrum gebracht worden war, notierte man meine Personalien. Sie hatten also nicht vor, mich verschwinden zu lassen. Auf dem Weg zu meiner Zelle nahmen sie mir die Augenbinde ab. Ich sollte mit eigenen Augen sehen: Ayşe, mit Handschellen an einen Heizkörper gekettet, um die Augen eine schwarze Binde. Über Cans Verbleib wusste ich nichts.

Einen Monat lang wurde dasselbe Ritual fast täglich wiederholt. Ayşe wurde gezwungen, stundenlang stehend, an das Heizungsrohr gekettet, auszuharren. Man ließ sie nicht schlafen. Sobald sie zusammensackte, wurde sie mit Tritten geweckt. Die chronischen Knie- und Rückenbeschwerden, die ihr heute noch zu schaffen machen, rühren aus diesen Tagen. Teilweise wurde ich Zeuge dessen, was man ihr antat. Unschwer zu vermuten, dass sie auch Misshandlungen ausgesetzt war, die ich nicht unmittelbar miterlebt habe.

Ich hatte mir eine Widerstandsstrategie zurechtgelegt. Ich wollte Zeit gewinnen, indem ich den Eindruck erweckte, gesprächsbereit zu sein, und so verhindern, dass sie Ayşe und Can etwas antaten, um mich zum Reden zu bringen.

Ich sagte, ich sei bereit, alle Fragen zu meiner eigenen Tätigkeit detailliert zu beantworten, dass ich aber auf keinen Fall sprechen werde, wenn sie Ayşe und Can misshandelten. Ich erinnere mich, dass eine widerwärtige Pranke mir an den Bauch packte. »Wenn's sein muss, reißen wir dir die Gedärme heraus, damit du singst«, bedrohte mich eine Stimme.

Ich hüllte mich in Schweigen. Ich setzte meine ganze Kraft

ein, um sie davon zu überzeugen, dass sie mit Gewalt nichts erreichen würden. Ich beantwortete ihre Fragen nicht, schrie nicht auf, wenn sie Gewalt anwendeten, versuchte im Schweigen standhaft zu bleiben. Ich wollte nicht, dass Can und seine Mutter meine Schmerzensschreie hörten. Bis zu dem Tag, an dem Ayşe aus dem Krankenhaus zurückgebracht wurde, konnte ich an meinem Entschluss festhalten.

Als Gewalt nicht gefruchtet hatte, begannen sie mit mir zu verhandeln. Als auch das nicht zum erwünschten Erfolg führte, machten sie Anstalten, Ayşe und Can vor meinen Augen zu foltern. Das war nach meiner Erinnerung das einzige Mal, dass ich das Bewusstsein verlor. Den Rest erfuhr ich von Ayşe. Sie war in den Bauch getreten worden, und der sechzehn Monate alte Can war in dieser bizarren Situation ohnmächtig geworden und umgefallen. Als Ayşes Blutungen nicht aufhörten, hatte man sie mit Can ins Krankenhaus eingeliefert. Ihre Namen müssten in den Aufnahmeunterlagen des staatlichen Yeşilyurt-Krankenhauses in Izmir zu finden sein. Anhand der Einträge ließe sich feststellen, wie lange sie dort geblieben waren. Als man sie zurückbrachte, war Ayşe um hundert Jahre gealtert. Ich weiß nicht, wie sie mich gesehen hat. Ich habe sie auch später nicht gefragt. Gewissermaßen war die Tatsache, dass Can und Ayşe ins Krankenhaus eingeliefert werden mussten, unsere Rettung. Can wurde, nach der Rückkehr aus dem Krankenhaus, in die Obhut seiner Tante gegeben, die in der Nähe von Izmir wohnte.

Die Vernehmer hatten wohl eingesehen, dass ich nicht reden würde. Sie hörten mit der Folter auf. Hätten sie tatsächlich versucht, Ayşe und Can etwas anzutun, hätte ich vermutlich geredet. Das hatte ich gespürt, als Ayşe aus dem Krankenhaus zurückgebracht worden war. Die darauffolgenden Tage hatte ich damit verbracht, mit mir selbst zu kämpfen. Immer wieder schlug ich mit der Faust gegen die Wand, wollte mich zwingen hinauszuschreien: Ja, holt mich, ich werde reden. Und im letzten Moment ließ ich es bleiben. Dann wurden plötzlich die Türen aufgeschlossen, und man sagte uns, dass wir zur Staatsanwaltschaft geführt würden. Hätte ich an die Tür geklopft und meine Freunde in die Folter geschickt, wäre es um einiges schwerer für mich geworden, ein neues Leben zu beginnen.

Was gäbe ich dafür, jenen Ort aus meinem Gedächtnis löschen zu können. Meine innere Stimme rät mir, nicht Details, sondern gefilterte Informationen über diesen Ort nach außen zu tragen. Doch sind da zunächst einige Punkte, die ich ausdrücklich klarstellen möchte.

Erstens: Meine politische Tätigkeit nach Cans Geburt nicht aufzugeben, obwohl ich spürte, dass er wichtiger war als meine politischen Absichten und mein Ehrgeiz, war, zumindest ihm gegenüber, ungerecht und verantwortungslos.

Zweitens: Es wäre viel besser gewesen, nach dem Putsch einen persönlicheren, individuellen Weg des Widerstands zu finden und mich statt der politischen Tätigkeit der Literatur zu widmen.

Drittens: Wäre Ayşe nicht standhaft geblieben, hätte ich alle meine Freunde verraten können. Vermutlich.

Izmir, 18. Mai – 13. Juni 1985

10. Kapitel

Zeugenschaft

In der Nacht des 18. Mai 1985, der Nacht unserer Festnahme, wurden in der Stadt Hunderte von Linken vernommen. Mit kaum einem von denen, die in Polizeigewahrsam saßen, hatten wir etwas zu tun. Allesamt waren es rein willkürliche Festnahmen. Junge Menschen, die der Polizei nach dem Putsch irgendwie aufgefallen waren. Ohne zu wissen, was man ihnen vorwarf, wurden sie einen Monat lang erniedrigt, geschlagen, drangsaliert, einige von ihnen wurden schwer gefoltert.

In den Pausen der Vernehmung, in denen ich mich in einer metallenen Zelle in der Größe einer Telefonzelle *erholen* durfte, war ich dazu verdammt, Zeuge der Grausamkeiten zu werden. Stundenlang hörten die Schreie von Frauen und Männern nicht auf. Den Folterern musste eigentlich klar sein, dass keiner von ihnen eine Verbindung zu unserer Partei haben konnte, wie sie es ihnen zu suggerieren versuchten. Fast ausnahmslos waren es Mitglieder von Studentenvereinigungen oder Gewerkschaften. Man ließ sie nach ihrer *Vernehmung* laufen, weil nicht das Geringste gegen sie vorlag.

Als man mich mit verbundenen Augen auf den Stuhl gesetzt hatte und warten ließ, wurde ein anderer hereingeführt. Ein Rechtsradikaler, der in Verbindung mit einem politischen Mord gesucht wurde. »Sprich, Scheißkerl, sonst bringen wir dich um«, brüllte eine autoritäre Stimme.

»Was soll ich denn sagen, *Abi*«, antwortete der Mann, der in etwa in meinem Alter sein musste. »Ich hab doch alles nur für Vaterland und Nation getan.«

Man ließ ihn nicht ausreden, und der Raum wurde von einem schier unbeschreiblichen Schrei durchdrungen. In dieser kurzen Foltersitzung wurde ich Zeuge dessen, wie armselig ein Mensch sein, wie sehr er sich angesichts der Gewalt selbst erniedrigen kann. Dass sie diesen Mordverdächtigen, dessen Namen, Alter, Gesicht ich nicht kenne und wohl niemals kennen werde, in meinem Beisein folterten, muss Teil einer wohldurchdachten Vernehmungsstrategie gewesen sein. Ich vermute, dass sie mir demonstrieren wollten, wie gerecht sie selbst während der Folter waren.

Sobald die Schreie des Mannes verebbten, nahm er den Mord auf sich. Für welche Organisation er den Mord begangen habe, wurde er gefragt. »Für die MHP[3]«, sagte er. In seinem Zustand hätte er jeden Mord, alle ungelösten Mordfälle dieser Welt, auf sich genommen. Eine in jeder Hinsicht gespenstische Szene. Unmöglich zu wissen, ob er der wahre Mörder war oder nicht.

Bei dem Vorsitzenden der Partei, deren Mitglied zu sein der Mann angab, handelt es sich übrigens um Alparslan Türkeş, der eine äußerst üble, ja verfluchte Rolle in der politischen Geschichte der Türkei spielte.

3 Milliyetçi Hareket Partisi, Partei der Nationalistischen Bewegung; politischer Arm der rechtsextremen Grauen Wölfe

Oberst Türkeş war am 27. Mai 1960, während des Militärputsches gegen die damalige konservative Regierung, derjenige, der im Rundfunk verkündete, dass das Militär die Macht im Staat übernommen habe. Adnan Menderes, der Ministerpräsident der gestürzten Regierung, sowie zwei Minister wurden vor Gericht gestellt und anschließend gehenkt. Es ist bekannt, dass Menderes vor der Vollstreckung der Todesstrafe gefoltert wurde. Alparslan Türkeş und seine Partei drifteten immer mehr in eine mit den Falangisten in Spanien vergleichbare paramilitärische Struktur. Das geschah unter dem Vorwand, der 68er-Studentenbewegung Einhalt zu gebieten. Türkeş und seine Leute sind verantwortlich für mehr als dreitausend politisch motivierte Morde zwischen den Jahren 1975 und 1980.

Der Meister und Fatoş wurden einen Tag nach uns festgenommen. Der Meister kannte meinen wahren Namen. Und er ahnte meine Funktion innerhalb der Partei. Man fand keine Anhaltspunkte dafür, dass Fatoş ein politischer Mensch war. Sie behielt es für sich, dass sie Ayşe von früher kannte. Und der Meister blieb auf seine ganz eigene Art standhaft.

Eine Szene hat sich in meine Erinnerung eingebrannt: wie der Meister zu mir ins Vernehmungszimmer geführt wurde.

»Ist das dein Lehrling?«, fragten sie ihn, daran erinnere ich mich. Und auch daran, dass der Meister antwortete: »Ja, von der Statur könnte er es sein, aber sein Gesicht hat sich ganz schön verändert.« Selbst in meiner Situation hätte ich am liebsten losgeprustet.

Dann fragte der Meister mich ganz naiv: »Junge, bist du das? Bist du mein Lehrling?« Ich sagte nichts, aber nickte, daran erinnere ich mich. »Die behaupten, dass du eine Organisation gegründet hättest«, fuhr er fort, »aber ich glaub das nicht. Das kriegst du doch gar nicht hin. Also wenn Sie mich fragen, einer, der zwei linke Hände hat, kann keine Organisation gründen!«

Die Vernehmer waren einfach ratlos. Was sollten sie vom Meister und von Fatoş halten? Als sie doch den Versuch unternahmen, sie in die Zange zu nehmen, und ihnen die Augen verbanden, rief der Meister: »Leute, das habt ihr aber stümperhaft gemacht, ich kann ja unten durchsehen. Lasst mich das mal selbst machen.«

Wenn die Polizisten ihn aufforderten, sich zu bücken, warf er sich auf den Boden, robbte herum, als wäre er bei einem militärischen Drill. Wenn sie ihn aufforderten aufzustehen, wuchtete er sich hoch und nahm Haltung an. Die beiden veranstalteten solch einen Wirrwarr, dass man einfach nicht dazu kam, sie zu verhören, und es irgendwann aufgab. Sie wurden auch nicht angeklagt. Das war der naivste, mutigste, natürlichste Widerstand, dessen Zeuge ich wurde. Von Anfang bis Ende voller kindlicher Unschuld.

Und die Stimme des Vernehmungsleiters klingt mir immer noch in den Ohren: »Führt diesen Irren sofort raus!«

Dann wurde ich wegen eines Studenten in die Zange genommen, der heute als Ingenieur arbeitet. Die Polizei legte mir Fotos vor, die bewiesen, dass man uns seit mindestens einem Monat observiert hatte. Wir beide nebeneinander auf der Straße, miteinander sprechend und lachend.

Eine der neun Personen, die der Staatsanwaltschaft übergeben wurden, war jener Student. Er hatte behauptet, dass die verbotenen Schriften, die man in seiner Wohnung fand, vor die Tür gelegt worden waren, und er hatte trotz der vorgelegten Beweisfotos geleugnet, mich zu kennen. Er blieb konsequent bei dieser Haltung, und der Vernehmungsrichter ließ ihn mit der

Begründung frei, dass unsere Fotos kein ausreichender Beweis für seine Verbindung zur Organisation seien.

Wohlgemerkt, es war ein Militärgericht. Dennoch ging es vor diesem Militärgericht nicht so willkürlich zu wie in der heutigen Türkei unter Erdoğan. Tatsächlich stellten die Fotos allein keinen ausreichenden Beweis dar, und der militärische Vernehmungsrichter berief sich auf den entsprechenden Paragrafen und beraubte einen kurz vor dem Abschluss stehenden Studenten nicht seiner Zukunft.

Doch halt, wenn ich an das denke, was mir und vielen anderen seit 2010 zugestoßen ist, sollte ich vielleicht ausgewogener urteilen: Die Phase des Militärregimes war von systematischer Folter geprägt, in der Erdoğan-Ära hingegen herrscht die Willkür eines Justizsystems, die nicht nur Linksoppositionellen, sondern jedermann zum Verhängnis werden kann.

Eine weitere der vernommenen Personen, ein Student, kam aus der Provinz, aus der ich stamme. Ich kannte ihn nicht. Einen Monat lang wurde er vernommen. Als wir gemeinsam dem Vernehmungsrichter vorgeführt wurden, flüsterte er mir ins Ohr: »Die glauben, dass ich dein Kurier war, aber ich bin doch Dev-Yol-Sympathisant; du weißt, dass ich nichts mit euch zu tun habe.« Er wurde freigelassen. Ich bin ihm nicht wieder begegnet.

Als ich 2010 in der Türkei einsaß, hatte mein Anwalt den Ausdruck eines im Internet veröffentlichten Textes mitgebracht. Der Text stammte von jenem früheren Studenten. Darin berichtete er über die Tage unserer gemeinsamen Vernehmung und beschrieb mich als einen äußerst entschlossenen Menschen, der auf dem Weg zur Vernehmung Parolen skandiert habe: *Nieder mit dem Faschismus! Die Würde des Menschen wird die Folter besiegen!* Ich erinnere mich nicht, während der Vernehmung oder überhaupt in meiner gesamten Haftzeit jemals auch nur eine Parole skandiert zu haben. Und die Lage, in der ich mich befand, war, wie ich zu beschreiben versucht habe, keineswegs so, dass ich mir mit ein paar Parolen hätte Mut machen können. Ich weiß nicht, wessen Erinnerungen eher dem wahren Geschehen entsprechen. Ich für meinen Teil meine, ich war jemand, der nicht ein einziges Mal eine Parole skandierte, nicht brüllte oder schrie, sondern bemüht war, schweigend Standhaftigkeit zu beweisen.

Zeitgleich mit mir waren drei Männer und drei Frauen festgenommen worden, und die Sache wurde der Presse als großer Coup der Polizei präsentiert. Genau genommen war es die Festnahme zweier Paare, einer Studentin und eines intellektuellen Arbeiters.

Die Studentin, kurz vor ihrem Abschluss, hatte mir bei unserer letzten Begegnung anvertraut, dass ihr Freund an derselben Fakultät studiere und mit ihr zusammen den heimlichen Druck der Zeitungen und Flugblätter übernommen habe.

In der gemeinsamen Wohnung hatte man ausreichend Beweismittel für ihre Verbindung mit der Partei gefunden. Wie die anderen Angeklagten wurden sie wegen der Teilnahme an den Aktivitäten einer illegalen Organisation zu sechs Jahren und acht Monaten Haft verurteilt. Sie saßen ihre Strafen ab und heirateten. Sie sind immer noch verheiratet und leben glücklich in einer Kleinstadt am Mittelmeer.

Dem Arbeiter, dem Einzigen von den sechs, mit dem ich unmittelbar zu tun gehabt hatte, begegnete ich im September 1987, nach meiner Freilassung, zufällig in Istanbul wieder. Er erzählte mir, dass er kein Kommunist mehr sei, sondern sich von der existenzialistischen Philosophie Sartres angesprochen fühle und nach einer Möglichkeit suche, ins Ausland zu gehen.

Seit 1988 habe ich nichts mehr von ihm gehört. Ob er es geschafft hat, weiß ich nicht. Dass er sehr gut zeichnete und auch Gedichte schrieb, habe ich jedoch nicht vergessen.

Ich hatte gestanden, einziges Mitglied der örtlichen Parteileitung zu sein, die beschlagnahmten Flugblätter, Geheimbroschüren und Zeitungen allein geschrieben, gedruckt und verteilt zu haben. Ich hatte die Organisation allein gegründet. Es gab keine weiteren verantwortlichen Personen.

Das entsprach nicht der Wahrheit. Die zweite Person war der Student, mit dem ich fotografiert worden war. Und die dritte Selami.

Bei unserem letzten Treffen vor meiner Festnahme 1985 war Selami noch ganz aufgeregt gewesen.

Die Polizisten hatten ihn in der Innenstadt von Izmir verfolgt und in die Enge getrieben. Nach längerer Verfolgungsjagd gelang es Selami, sich in ein Taxi zu retten. Doch nach einer Weile bemerkte er, dass das Taxi, wie in einem Hollywood-Blockbuster, von zwei weißen Renaults verfolgt wurde. Das Taxi bog mehrmals ab, bis die Renaults abgehängt waren, dann bat er den Fahrer, rechts ranzufahren, und sprang hinaus, bevor der Wagen richtig hielt. Er rannte durch mehrere Straßen, versteckte sich in einem Kohlenkeller. Nach Einbruch der Dunkelheit ging er heim, packte das Nötigste zusammen und fand mit Frau und Kind bei einem Bekannten Unterschlupf.

Das waren handylose Zeiten, und das Telefon wollten wir lieber nicht benutzen. Unsere Treffen organisierten wir mithilfe von Kleinanzeigen, die wir an vereinbarten Tagen in Tageszeitungen schalteten. Auch für den Fall, dass die Gefahr bestand, dass wir geschnappt wurden, hatten wir ein Warnsystem abgesprochen, das über Zeitungsanzeigen funktionierte. Die Adressen und die wahren Namen der Personen, mit denen wir innerhalb der Organisation verbunden waren, kannten wir nicht. Selami hatte ich auf eine solche verschlüsselte Anzeige hin getroffen. Es handelte sich um eine Notfallanzeige, und mir war klar, dass er in Gefahr war. Über reichlich verworrene Wege trafen wir uns weit nach Mitternacht in einem Stadtteil namens Balçova.

Nachdem Selami seine Fluchtgeschichte erzählt hatte, fragte ich: »Hör mal, Selami, hast du eigentlich den Taxifahrer bezahlt?«

Selami musste erst lachen, dann sagte er gereizt: »Aber sonst hast du keine Sorgen, ja?«

Jahre später hat er mir gestanden, dass alle seine Genossen dieselbe Frage gestellt hatten, wenn er seine Geschichte zum Besten gab: »Hast du den Taxifahrer bezahlt?«

Selbst innerhalb einer illegalen Organisation galt das Gebot der Ehrlichkeit, das erforderte, dass man einen Taxifahrer auf keinen Fall um sein Geld bringen durfte.

Selami, seine Frau und sein Sohn, einige Jahre älter als Can, kamen davon. Zunächst flohen sie nach Istanbul. Selami verließ die Türkei als Erster. Ein Jahr später scheiterte sein Versuch, die beiden mit einem durch die Organisation beschafften gefälschten Pass ins Ausland nachzuholen. Bei der Passkontrolle am Flughafen wurden sie in Gewahrsam genommen, zusammen mit etwa dreißig Personen, die Tickets für denselben Flug hatten. Eine regelrechte Massenflucht war vereitelt worden!

Selamis Frau und Sohn wurden gut behandelt. Sie sagte aus, ihr Mann sei nach Deutschland geflohen und sie habe auf seinen Wunsch hin den Versuch unternommen, gemeinsam mit ihrem Sohn mithilfe eines gefälschten Passes das Land zu verlassen.

»Kızım«, sagte der alte Kommissar zu ihr, »warum versuchst

du denn mit einem gefälschten Pass abzuhauen? Du wirst doch gar nicht gesucht! Lass dir einen Pass ausstellen und reise auf legalem Weg aus.«

Auch die Passbehörde machte keine Schwierigkeiten, sodass sie ein Jahr später in Deutschland war.

Wenn wir in die Gegenwart schauen: Für die Ehefrau Can Dündars wurde ein Ausreiseverbot verhängt, obwohl nicht das Geringste gegen sie vorliegt. Und Can Dündar selbst, Chefredakteur der *Cumhuriyet,* der wegen eines Berichts um ein Haar Opfer eines Attentats geworden wäre und der nach dem gescheiterten Putschversuch 2016 in die Bundesrepublik floh, wird per *Red Notice* über Interpol gesucht, mit dem Ziel, ihn an die Türkei auszuliefern.

Istanbul, 2016

11. Kapitel

Friedhof der Verräter

1986, als ich im Militärgefängnis Metris in Istanbul einsaß, bekam ich eine Notiz von Selami, von der ich nicht weiß, wie sie ins Gefängnis geschmuggelt worden war: »Es gibt Zerwürfnisse innerhalb der Organisation. Die Freunde haben mich zum Verräter erklärt, weil sie mich für deine Verhaftung verantwortlich machen. Greif klärend ein!«

Dass mein Freund Selami Mitte der Achtzigerjahre zum Verräter erklärt wurde, weil er mich angeblich verraten hätte, war persönlich motiviert. Es gab aber auch andere Motive für die Gewalt, die die Genossen einander antaten. Einer aus dem führenden Kader von Dev-Sol wurde Anfang der Neunzigerjahre auf offener Straße in Paris durch einen Schuss in den Nacken getötet. Während der Mord in der Öffentlichkeit als gewöhnlicher Kriminalfall behandelt wurde, bekannte sich seine eigene Organisation mit einer Erklärung zu dem Attentat: »Es gibt kein Entkommen vor unserer Gerechtigkeit. Die liquidierte Person war ein Element, das sich der Gerechtigkeit des Volkes zu entziehen versuchte und alle Warnungen in den Wind schlug. Sein Fall wurde begutachtet. Das Volksgericht hat ihn angeklagt und zum Tode verurteilt.«

Die Einzigen, die es wagten, die Morde der radikalen linken Organisationen zu verurteilen, waren die Menschenrechtsaktivisten. Damals hat die Anwältin Eren Keskin, die mittlerweile so viele Auszeichnungen für ihren Einsatz für die Menschenrechte erhalten hat, diese Morde als *außergerichtliche Hinrichtungen* bezeichnet: »Es ist nicht hinnehmbar, dass Menschen, die selbst der größten Opfergruppe von Folter und außergerichtlichen Hinrichtungen angehören, Probleme mit denselben Mitteln lösen wie der Staat und die staatlichen Terroristen!« Für diese Erklärung in den Neunzigerjahren, als junge Anwältin noch, erhielt sie Morddrohungen.

Es waren jene Jahre, in denen die Türkei, insbesondere in den von Kurden bewohnten Gebieten, zu allen Mitteln des schmutzigen Krieges griff, die zum Beispiel auch Frankreich in Algerien angewandt hatte. Der Krieg, der angeblich nur gegen die PKK geführt wurde, richtete sich gegen die Zivilbevölkerung. Tausende von Kurden waren zu Opfern extralegaler Hinrichtungen geworden. In denselben Jahren ermordete die linksextremistische Organisation Dev-Sol bei Anschlägen in den Metropolen, allen voran in Istanbul, Dutzende von Polizeibeamten, Militärangehörigen, Staatsanwälten und Unternehmern.

Im Sommer 1991, als ich meine Flucht aus der Türkei plante, wurden zwölf Mitglieder dieser Organisation bei einer nächtlichen Polizeioperation getötet. Unter ihnen befand sich auch Hasan Eliuygun, ein überaus feiner Mensch, mit dem ich in der Haftanstalt Metris, im Block Sibirien, ein Jahr gemeinsam eingesessen hatte. Nach dieser Operation kam es zur Spaltung in der Organisation. 1993 wurde sein Bruder Erdoğan Eliuygun, ebenfalls Dev-Sol-Mitglied, im Gefängnis ermordet.

Dieser Mord allerdings ging auf das Konto seiner eigenen Genossen.

Eren Keskin veranstaltete eine Pressekonferenz mit der Mutter der beiden Ermordeten. Die couragierte Mutter sagte: »Einen meiner Söhne ermordete der Staat, den anderen die eigenen Freunde, die für mich wie meine leiblichen Söhne waren. Sie, die mir wie meine eigenen Kinder waren, haben mein Haus gestürmt. Sie haben mich schlechter behandelt als die Polizisten, die ebenfalls mein Haus gestürmt hatten. Dabei habe ich mich jahrelang um ihretwillen vor Gefängnistoren zusammenschlagen lassen.« Solche Vorfälle häuften sich so massiv, dass der Menschenrechtsverein seinen Jahresberichten eine Rubrik hinzufügte: *Bei organisationsinternen Auseinandersetzungen Getötete.*

»Zwischen 1990 und 2000«, schrieb der Autor Aytekin Yılmaz, der zehn Jahre im Gefängnis verbrachte, »entwickelten sich die linksradikalen Organisationen zur eigentlichen Macht in den Gefängnissen und installierten ein ›Gefängnis im Gefängnis‹.« In seinem Buch *Yoldaşını Öldürmek (Den Genossen töten)* legt Yılmaz folgende Statistik zu den von Linksextremisten und der PKK verübten Morden vor: »In Haftanstalten von den eigenen Genossen Ermordete, die namentlich bekannt sind: Gesamtzahl: 39 Personen, davon DHKP-C (Dev-Sol) 17 Personen, PKK 17 Personen, TIKKO 3 Personen, MLKP 2 Personen. 1990–1999 außerhalb von Haftanstalten aus organisationsinternen Motiven verübte Morde und Morde an Zivilisten: Gesamtzahl 1030 Personen (organisationsinterne Morde in PKK-Lagern sind nicht enthalten): DHKP-C (Dev-Sol) 64 Personen, TIKKO 62 Personen, PKK 904 Personen.«

Meines Wissens ist dies, mit Ausnahme der Berichte von Menschenrechtsorganisationen, die einzige umfassene Studie zu diesem Thema.

Von systematischer Folter als staatlich legitimierter Praxis, die nach dem gescheiterten Putschversuch von 2016 erneut zu einem aktuellen Thema wurde, waren seit Gründung der Türkischen Republik stets zwei Gruppen am stärksten betroffen, die Linksradikalen und Angehörige kurdisch-nationaler Bewegungen. Dass Organisationen genau dieser Opfergruppen die eigenen Genossen ebenfalls ermorden, ist vermutlich auf die staatliche Gewalterfahrung zurückzuführen und der Tatsache geschuldet, dass das Land sich niemals der Auseinandersetzung mit der eigenen Gewaltgeschichte gestellt hat. Mit anderen Worten: Das Problem in der Türkei ist nicht nur staatlich legitimierte Gewalt und staatlich legitimierter Terror, sondern gleichzeitig der Umstand, dass die Gewalt in die politischen Strukturen jener Gruppen Einzug gehalten hat, die ihr ausgesetzt waren.

Im September 2016, zwei Monate nach dem Putschversuch, erschien in nahezu allen Zeitungen in der Türkei folgende von der Nachrichtenagentur *Anadolu Ajansı* verbreitete Nachricht. Ich gebe sie im Wortlaut wieder:

»Nach dem am Abend des 15. Juli erfolgten niederträchtigen Putschversuch, der die ganze Türkei auf die Straßen trieb, wurde in Istanbul ein Friedhof für FETÖ[4]-Angehörige und die anderen Verräter errichtet.

Oberbürgermeister Kadir Topbaş teilte mit, dass nach dem niederträchtigen Putschversuch vom 15. Juli ein Verräter-Friedhof errichtet wurde und die erste Beisetzung bereits erfolgt ist.

Der Friedhof wurde auf einem Gelände in Tepeören errichtet, auf dem sich das von der Stadtverwaltung gegründete

4 Angebliche, der Gülen-Bewegung zugerechnete »Fethullahistische Terrororganisation«

Tierasyl für Straßenhunde befindet. Am Eingang ist die Tafel ›Friedhof der Verräter‹ zu lesen. Auf der anderen Seite sieht man, wie gerade ein Verräter beerdigt wird. Die Teams sind damit beschäftigt, Gräber auszuheben. Wie zu erfahren war, handelte es sich bei dem ersten auf dem Friedhof beigesetzten Verräter um das FETÖ-Mitglied Hauptmann Mehmet Karabekir, der in Acıbadem den dortigen Bezirksvorsteher zum Märtyrer gemacht hatte.«

Solange die Begriffe *Vaterland, Nation, Verräter* und *Märtyrer* nicht aus dem alltäglichen türkischen Sprachgebrauch getilgt sind und solange die Türkei sich nicht der eigenen Vergangenheit stellt, werden zwar die Opfergruppen wechseln, aber das Morden wird kein Ende nehmen.

Ich möchte zu meinem Freund Selami zurückkehren: Dass die Maßnahmen nach den Verratsvorwürfen gegen ihn zwar nicht bei Drohungen blieben, aber auch nicht zum Mord führten, erfuhr ich erst, als ich in Deutschland angekommen war, 1991 in Köln. Ich wusste nicht, in welcher deutschen Stadt Selami lebte – nur dass er in Deutschland lebte, das wusste ich. Meine Vermutung, dass mein Anwalt Hanswerner Odendahl es wissen könnte, erwies sich als richtig. Ich bat ihn, Selami die Adresse des Flüchtlingsheims in Bergisch Gladbach zukommen zu lassen, in dem wir lebten. Es verging einige Zeit, da tauchte Selami mit einem riesigen zweibändigen Deutsch-Türkisch-Wörterbuch auf, das ich immer noch besitze, und riet mir, umgehend mit dem Deutschlernen zu beginnen.

II. Freilassung

12. Kapitel

Erste Rettung

Als wir in den frühen Morgenstunden des 20. August 2017 in Madrid ankamen, fuhren wir durch leere Straßen, durch Straßen, in denen das Leben noch nicht erwacht war. Irgendwo bogen wir nach links und fuhren nach einer Weile auf die enge Zufahrt zu den Untergeschossen eines wenig ansprechenden Hochhauses zu. Auf der gesamten Strecke war niemand zu sehen. Fortgeschrittene Technik. Es war möglich, Festgenommene ohne den menschlichen Eingriff bis zu ihren Zellen zu führen.

Da unten war man informiert. Die Formalitäten wurden auch hier in feierlicher Stille durchgeführt. Es wurden Übergabeprotokolle für Mensch, Gegenstände und Dokumente unterschrieben. Vor der Zelle des Kellergeschosses im Obersten Gerichtshof in Madrid wurden mir die Handschellen abgenommen. Man fragte mich, ob ich einen Wunsch hätte. Ich wiederholte meinen Wunsch nach Kaffee, und man gab mir Wasser. Als Zeichen des Protestes trank ich es nicht.

Weil mir meine Brille nicht ausgehändigt wurde, nahm ich

den später in die Nachbarzelle geführten Gefangenen nur als Schatten wahr. Auch er stammte wohl wie ich aus einem anderen Land. Vielleicht war er ein dunkler Typ, vielleicht hatte er blondes oder braunes Haar. Auf jeden Fall war es ein Mann. Und er konnte Spanisch.

Als ich wieder aus meiner Zelle geholt, durch die engen Gänge geführt und in einen kargen Raum gebracht wurde, warteten dort zwei Leute auf mich, eine Frau und ein Mann. Die Frau kam gleich auf den Punkt. Sie wiederholte das, was ich schon wusste, auf Spanisch. Der Dolmetscher übersetzte: »Sie wurden auf Wunsch der Türkei festgenommen.« Man legte mir genauso ein Papier auf den Tisch wie in Granada. Auf Deutsch. Ich hätte es auch selbst durchlesen können, aber man zog es vor, es den Dolmetscher Zeile für Zeile vorlesen zu lassen. Ich wurde nach meiner Stellungnahme gefragt.

»Ich habe nichts zu sagen«, entgegnete ich und kreuzte auf dem Schriftstück, das meine Rechte aufführte, die zutreffenden Stellen an: Ich wollte einen Arzt, einen Rechtsanwalt und würde bis zur Vorführung vor den Richter keine Aussage machen.

Das mir angelastete Verbrechen wurde zunächst von der zuständigen Beamtin auf Spanisch verlesen. Anschließend übersetzte der Dolmetscher das ihm vorliegende Schreiben, wobei er immer wieder verwundert zu mir aufblickte. Aus irgendeinem unerfindlichen Grund übersetzte er nicht im Indikativ, sondern im Konjunktiv: »Sie seien am Weihnachtsabend auf dem Flughafen mit Kokain in Ihren beiden Koffern gefasst worden. Aus welchem Land Sie das in Plastikbeuteln befindliche Kokain mitgebracht und in welches Land Sie es zu bringen beabsichtigten, sei zwar noch nicht …« Bei der dritten Erwähnung von Kokain unterbrach die Beamtin den Dolmetscher.

Sie zog das Blatt an sich und entschuldigte sich tausendmal. »Ihre Unterlagen«, sagte sie, »sind verwechselt worden.« Wahrscheinlich mit denen meines Zellennachbarn, dachte ich.

Der Dolmetscher bekam ein anderes Blatt Papier vorgelegt, und die mir allzu bekannten Sätze nahmen, mit deutschsprachiger Stimme vorgetragen, eine verdrießliche Färbung an. Ich sei Führer der Organisation Soundso, die vorgehabt habe, die Türkische Republik umzustürzen. Im mir bisher gerichtsbekannten Namen der Organisation war eine Kürzung vorgenommen worden. Statt sieben Konsonanten und zwei Bindestrichen hatte sie nun fünf Konsonanten und einen Bindestrich. Ich wurde eher von Überdruss geplagt denn von Angst.

Die Unterredung war schnell beendet, und ich wurde zurück in meine Zelle gebracht. Ich weiß nicht, wie viel Zeit vergangen war. Ich hatte keine Uhr. Aber lange kann es nicht gedauert haben. Arztkontrolle, hieß es dann. Erneut wurde ich aus der Zelle geführt. In einem anderen Raum wartete bereits eine große, stattliche Frau darauf, mich zu untersuchen. Diese Ärztin war jünger als die überaus selbstbewusste blond gelockte in Istanbul vor sieben Jahren, die die Polizisten vor die Tür gewiesen hatte. Und sie war so höflich, mich zu fragen, wie es mir gehe.

»Danke, gut.«

»Mir wurde gesagt, dass Sie herzkrank sind und regelmäßig Medikamente einnehmen müssen. Ist das richtig?«

»Ja.«

»Haben Sie die Packungen oder Beipackzettel der Medikamente dabei?«

»Nein, wir waren ja zu einem Kurzurlaub in Spanien. Deswegen habe ich nur das mitgenommen, was ich brauchte. Aber ich kann Ihnen die Wirkung der Präparate erläutern. Diese hier, die runde rote Tablette, ist ein Blutverdünner, im Grunde so etwas wie Aspirin. Aber magenschonend. Und die weiße daneben sorgt dafür, dass das Herz in stressigen Situationen wie der jetzigen normal schlägt, die dritte ist so ein gängiges Mittel gegen Cholesterin, und die vierte regelt den Puls. Es heißt *Rampilen* oder so ähnlich.«

Die Ärztin, die nach meiner Einschätzung kaum dreißig war, legte mir nach diesen Informationen ein Blatt vor und sagte: »Wenn Sie das hier unterschreiben, können Sie so viele Tabletten einnehmen, wie Sie wollen.« Ich hatte nicht vor, Selbstmord zu begehen.

Während ich die Tabletten einnahm, musste ich an Adnan Keskin denken. Es gab mir einen leichten Stich ins Herz, und meine rechte Hand legte sich wie von selbst auf meine linke Brust. Mein Freund Adnan Keskin, der mir noch vor Selami geraten hatte, Deutsch zu lernen, der mit seiner Frau Neşe mich und meinen Sohn im Herbst 1991 am Kölner Flughafen abholte, der dafür sorgte, dass wir aus der Türkei fliehen konnten, und der uns die Möglichkeit bot, ein neues Leben in Deutschland zu beginnen. Mein Freund, den ich nach fünfzehn Jahren wiedergesehen hatte.

Im Herbst 1991 waren wir problemlos durch die Passkontrolle am Istanbuler Flughafen gekommen. Mein Erdal Abi hatte uns hingefahren und Can beim Abschied gesagt: »Pass gut auf deinen Papa auf«, und ihm damit eine große Verantwortung aufgebürdet.

»Mach dir keine Sorgen, *amca*«, hatte Can geantwortet.

Sein Fieber wollte den ganzen Tag nicht sinken. Erst in der Luft, als ich seine Frage »Sind wir jetzt gerettet?« mit »Ja, sind wir« beantwortet hatte, war Cans Fieber schlagartig gesunken.

»Wann kommen Ceren und Mama?«, hatte er gefragt. »Bald«,

hatte ich geantwortet, aber ich hatte nicht die geringste Idee, wie ich die beiden außer Landes bringen würde. Am Flughafen Köln/Bonn gab es keinerlei Probleme. Cans blonde Haare waren unsere größte Sicherheit, laut gefälschtem Pass hieß er Jan. Seine Mutter war angeblich Deutsche. Eine bessere Identität hätten wir gar nicht bekommen können. Unser Gönner war ein Arbeitsmigrant, der die Türkei vor Jahren verlassen hatte, etwas jünger als ich. Er hatte Adnans Bitte nicht abgeschlagen und nicht gezögert, ihm den eigenen Pass und den seines Sohnes zu geben, obwohl er uns gar nicht kannte.

In den fünfzehn Jahren der Trennung hatte ich aus den Zeitungen erfahren, dass Neşe in den Bergen gefasst worden und nach etwa drei Jahren Haft freigekommen war. Und in einem Kleinbus auf der Küstenstraße am Schwarzen Meer hatte ich im Radio gehört, dass Adnan in der Kreisstadt Fatsa gefasst wurde. Als mich im Sommer 1987 die Nachricht erreichte, dass am 6. Juni acht Häftlinge, unter ihnen Adnan, aus dem Gefängnis in Erzincan geflohen waren, saß ich im Militärgefängnis Metris in Istanbul, in jenem Block, den wir Sibirien nannten.

In Köln setzten wir unsere inzwischen enger gewordene Freundschaft fort, als seien keine fünfzehn Jahre vergangen. Es wurde mir in Köln zur Gewohnheit, sonnige Sonntage bei Adnan und Neşe zu verbringen. Dann aßen wir den schmelzigen Käse der Region Şavşat, in der wir geboren waren, und sprachen von der Heimat, den alten Tagen und Freunden. Beide waren wir heimwehgeplagt. Und beide waren wir herzkrank, ohne es zu wissen.

Im Herbst 2013, als ich in Hamburg einfach so mal zum Arzt gegangen war, wurde ich auf der Stelle ins Krankenhaus überwiesen und operiert. Als ich auf der Intensivstation die Augen aufschlug, stand Adnan vor mir. In diesen wenigen Minuten, die er an meinem Bett bleiben durfte, musste ich daran denken, dass Adnan, der noch mehr rauchte als ich und sich auch beim Trinken nicht zurückhielt, noch fünf Jahre auf den Eintritt der Verjährung warten musste, bevor er die Reise in die Heimat antreten durfte.

»Wann gehst du endlich zum Arzt?«, fragte ich ihn.

»So bald wie möglich«, antwortete er.

Als wir uns das letzte Mal über die Weihnachtstage trafen, war er so lebhaft, so heiter und quirlig, dass ich mir sicher war, dass die Plage Heimweh seinem Herzen nichts anhaben konnte. Unter dem Druck seiner Freunde, auch Neşes und meinem, hatte er schließlich nachgegeben und einen Arzttermin für den 17. Januar vereinbart. Sein Herz hörte am 3. Januar 2014, genau am Todestag meiner Mutter, auf zu schlagen.

Einen Tag nach unserer Ankunft in Köln hatte Adnan mich gefragt, wo ich denn leben wolle. Früher wollte ich die Welt retten, aber auf diese einfache Frage hatte ich keine Antwort. Zur damaligen Zeit war nicht wichtig, wo ich leben wollte, sondern, dass es ein Ort war, an dem meinen Kindern nichts zustoßen konnte. Köln hatte einen solchen Eindruck bei mir hinterlassen.

»Köln«, sagte ich kurzum, »hier in Köln würde ich gerne leben.«

Ayşe war mit unserer zweieinhalbjährigen Tochter in der Türkei zurückgeblieben. Ohne die beiden hatte das Leben nicht den geringsten Sinn. In Köln war der Himmel immerzu wolkenverhangen. Es gab nicht viele Menschen, die ihren Pass für eine Frau und deren Kind hergeben würden. Es war Jahre her, dass ich meine eigene Organisation verlassen hatte, sodass ich zögerte, um Hilfe zu bitten. Da fiel mir mein Freund

Erol aus Antep ein, den ich aus dem Metris-Gefängnis, Block Sibirien, kannte. Ein sehr geschickter, tüchtiger, produktiver Mensch mit einer hohen Sozialkompetenz, der mit Widersprüchen und Auseinandersetzungen umzugehen wusste und selbst in den heikelsten Momenten die Situation mit seinem Wortwitz entspannen konnte. Als Erol im Winter 1982 festgenommen wurde, erwartete seine Frau das zweite Kind. Als Ayşe und ich im Winter 1985 in den Morgenstunden vom Militärgefängnis in Izmir in die Haftanstalt Metris in Istanbul verlegt worden waren, hatte Erol aus Antep seine mittlerweile dreieinhalbjährige Tochter noch nicht gesehen. Ayşe kam nach einem Jahr frei und sorgte mithilfe gelegentlicher Spielzeugpakete für eine Verbindung zwischen Erol und seinen Kindern. Die schönsten Puppen und Spielzeugautos, die das Dorf jemals gesehen hatte, hoben Erols Ansehen, der für die Dörfler *in der Fremde* lebte, enorm.

Es waren entsetzliche Jahre, in denen in den Gefängnissen in jener Region, die vor den Dreißigerjahren in offiziellen Dokumenten als Kurdistan geführt wurde, an den Kurden nie da gewesene und nie gehörte Gewalt verübt wurde, mit unmenschlichen, unvorstellbaren Methoden. Im Gefängnis Metris, wohin ich verlegt worden war, und im Militärgefängnis Mamak in Ankara gab es auch brutale und abscheuliche Gewalt, aber sie erreichte niemals das Ausmaß dessen, was im Militärgefängnis in Diyarbakır vorging. Ich werde jedes Mal rot vor Scham, wenn ich daran denke, dass es mir zunächst schwergefallen war zu glauben, was aus dem Gefängnis Diyarbakır nach außen drang, was zu uns verlegte Häftlinge berichteten. Das dort Geschehene war nichts Geringeres als die Pornografie der Gewalt.

Die Gefangenen wurden vor Tagesanbruch geweckt und gezwungen, sich ohne Spiegel, Seife, Wasser zu rasieren, die Wärter kontrollierten, ob die Intimrasur den islamischen Vorschriften gemäß vorgenommen worden war, ihre Hintern wurden mit Taschenlampen inspiziert. Bis zum Frühstück mussten nationalistische Märsche gesungen werden. Beim Frühstück urinierten die Soldaten vor den Augen der Gefangenen in die Teekessel. Wer sich weigerte, den Tee zu trinken, wurde gezwungen, die eigenen Exkremente zu essen. Nach dem Frühstück begann die Unterweisung in Türkisch und Religion, und mitten im Unterricht tauchte der damals *Kommandant* genannte Anstaltsdirektor mit seinem Hund *Co* auf. Co durfte jederzeit jedermann beißen, und die einzige Belohnung desjenigen, der Cos Angriff überstand, war, die eigenen Exkremente zu essen.

Die Gefangenen mussten eine sechsunddreißigstündige Parlamentsrede Atatürks aus den Zwanzigerjahren Wort für Wort nachsprechen und dabei dessen hohe Stimme, wie man sie aus Tonaufnahmen aus der Zeit, in der verzerrten Wiedergabe der Schellackplatten, kannte, nachahmen. Wer Atatürks Tonfall nicht traf, wurde geschlagen und misshandelt. Die Gefangenen wurden im Militärschritt und unter Absingen von Märschen zum Bad geführt, dort mit kaltem Wasser unter hohem Druck abgespritzt, es wurde mit Schlagstöcken auf ihre nackten Körper eingeschlagen, sie wurden über den nassen Boden zu ihren Zellen zurückgeschleift.

1984 entwickelten vier Häftlinge einen grauenerregenden Widerstandsplan. Sie sammelten heimlich alles an brennbarem Material, was im Gefängnis verfügbar war, wie Speiseöl, Verdünnungsmittel, Kunststoff. Und eines Nachts banden sie sich aneinander fest, schütteten das Gemisch auf ihre Körper und zündeten es an.

Was die PKK derart groß und unbesiegbar werden ließ, ist

genau diese staatliche Barbarei, die weder wir mit unserer türkischen Identität wahrhaben wollten noch die Menschen in Europa.

Der Gefängnisdirektor *Kommandant* wurde 1988 in Istanbul in einem Linienbus durch drei Kopfschüsse getötet. Zeitungen berichteten, dass die Person, die das Attentat im Namen der PKK verübt hatte, kurze Zeit später die Seiten gewechselt und im Namen des Staates dutzendfach weitergemordet hat. Die Überlebenden der Folter im Gefängnis von Diyarbakır flohen mehrheitlich ins Ausland, einige von ihnen bildeten den Hauptpfeiler der zu damaliger Zeit in der Bekaa-Ebene gegründeten PKK. Wer in der Türkei blieb und die friedliche politische Arbeit fortsetzte, schaffte es vereinzelt sogar als Abgeordneter ins Parlament, konnte aber nicht verhindern, dass sein Engagement ihm bis zum heutigen Tag zum Verhängnis wird.

An einem Novembertag 1985 gegen Mitternacht in Metris angekommen, wurde ich nicht der erwarteten, befürchteten Gewalt ausgesetzt. Mit zwei Freunden wurde ich in die Gemeinschaftszelle geführt. Ich musste nicht einmal die sogenannte *uniforme Kleidung* tragen, wie wir die Anstaltskleidung nannten.

Es war Freitagnacht, und das ganze Wochenende hindurch hörte das Klopfen an den Wänden nicht auf. Das Kommunikationsmittel der Gefangenen. In den folgenden Tagen sollte ich erfahren, zu welcher Meisterschaft die Gefängnisinsassen es darin gebracht hatten, klopfend Informationen auszutauschen, wie sie mithilfe eines selbst entwickelten Morsealphabets selbst den Inhalt ganzer Bücher den entlegensten Zellen des Gefängnisses zugänglich machten. Wobei ich bis heute nicht weiß, wie die Bücher ins Gefängnis geschmuggelt worden waren. Die mittels Klopfen vervielfältigten Bücher nannte man *Metris-Druck* und gab sie sogar bei theoretischen Diskursen als Quelle an. Das Wochenende wurde mit den geklopften Parolen beendet: *Wir verlangen einen Arzt* und *Die Würde des Menschen wird die Folter besiegen.*

Am Montagmorgen öffnete der Gefängniskommandant die vergitterte Luke der Zelle und fragte mich, woher ich verlegt worden sei.

»Aus dem Militärgefängnis in Izmir-Şirinyer«, antwortete ich.

»Das ist kein Militärgefängnis«, sagte der Mann mit eisiger Stimme. »Militärgefängnisse sind Diyarbakır, Mamak und Metris. Unsere Regeln sind klar und deutlich. Wir gehen davon aus, dass Sie mit dem hiesigen Leben und den Abläufen vertraut sind. Ich rate Ihnen lediglich, nicht zu den *Roten* zu gehen.«

Später erfuhr ich, dass das Gefängnis durch die Leitung in Farben unterteilt worden war.

Die Roten: So hießen die Häftlinge des Sibirien genannten Blocks, die sich an keinerlei Vorschriften hielten. Und die Frauenabteilung des Sibirien-Blocks hatten die Häftlinge *Tschernobyl* genannt, weil sie in der Nähe der Küche war, aus der es ständig rauchte und qualmte.

Die Grünen: Sie trugen die uniforme Anstaltskleidung, weigerten sich jedoch, die Nationalhymne zu singen.

Die Gelben: Sie trugen die uniforme Anstaltskleidung, sangen die Nationalhymne, hatten sich von ihrer politischen Identität losgesagt und bereiteten sich auf das Leben jenseits der Gefängnismauern vor.

Die Geständigen: Für diese Häftlinge hatte man keine Farbe finden können. Sie hatten die Fronten gewechselt, mit ihren erfundenen Beschuldigungen ihren früheren Genossen das Leben schwer gemacht, um die eigene Haut zu retten. Gemeinsam mit den Polizisten nahmen sie an den Vernehmungen teil, folterten persönlich, lebten in ihren Blöcken unter komfortableren Bedingungen, durften sich mit ihren ebenfalls geständigen Freundinnen treffen und hofften ständig auf ihre Freilassung.

Einige Tage später wurde nachgefragt, ob wir die Anstaltskleidung tragen wollen oder nicht. Alle drei verneinten wir. Zuerst wurde ich aus der Zelle geführt. Flankiert von mindestens zehn Soldaten, ging es durch mehrere Korridore.

»Zieh dich aus«, sagte der Feldwebel vor einer Zellentür. Ich zog mich aus und stand in Unterhose da. »Zieh dich aus, hab ich gesagt«, sagte der Feldwebel noch einmal.

Ich tat, als hätte ich nicht verstanden. Die Grenzen meiner Kompromissbereitschaft waren erreicht. Unvermittelt fand ich mich zwischen den Soldaten und wurde durch die Luft gewirbelt. Es dauerte einige Minuten, bis ich splitternackt in eine der Gemeinschaftszellen Sibiriens geworfen wurde. Meine Unterwäsche und Kleidung warfen sie mir hinterher.

Die Insassen der Zelle, in der ich landete, kamen aus dem Staunen nicht heraus. »Wer bist du?«, fragten sie. Ich nannte meinen Namen. »Warum hast du keine Parolen skandiert?«, fragten sie.

»Ich wusste nicht, dass ich das muss«, sagte ich. Sie lachten.

Erfahrene Häftlinge wie Erol aus Antep waren sich einig, dass es kein Entkommen aus Metris gab, doch dann weckte die Nachricht von der Flucht Adnans und seiner Freunde unseren Ehrgeiz. Anfang 1988 – ich war im September 1987 freigelassen worden – gelang es 29 Gefangenen des Sibirien-Blocks, unter ihnen Erol aus Antep, zu fliehen, nachdem sie das enge Kanalisationsrohr im Innenhof verbreitert hatten. Erol floh im selben Jahr in einem Boot über die Ägäis auf die griechische Insel Lesbos und von da nach Deutschland. Er lebte sich innerhalb kurzer Zeit ein. Er wurde Unternehmer, und als ich ihm sagte, dass ich Hilfe brauche, sagte er nur: »Überlass das mir.«

Und nach nicht einmal einem Monat hatte er Ayşe und Ceren aus der Türkei herausgeholt. Das heißt, unsere Rettung verdankten wir gewissermaßen zwei Gefängnisausbrechern!

Kaum in die Zelle in Madrid zurückgekehrt, wurde ich zum Anwaltsgespräch gerufen. Im Besucherraum wartete niemand auf mich. An der Wand hing ein Telefonhörer, und im Nebenraum, der durch eine Glasscheibe getrennt war, tauchte ein Mann mit glatt rasiertem Schädel auf, so groß wie ich, aber jünger, Deutsch sprechend und in Begleitung eines Dolmetschers.

»Mein Name ist Gonzalo Boye«, sagte er. »Ich wurde von Ihrem deutschen Anwalt Ilias Uyar beauftragt.« Er holte einen Ausweis aus der Hosentasche und drückte ihn an die Scheibe, die uns trennte. Ilias Uyars Ausweis. »Die ganze Welt ist über Ihre Festnahme informiert«, sagte er, und dann klebte er sein Handy an die Scheibe. Ich las:

Der Spiegel: »Akhanli wurde aufgrund eines von der Türkei erwirkten internationalen Haftbefehls während eines Urlaubs in Spanien festgenommen.«

FAZ: »Der Interpol-Eintrag, der zur Festnahme Dogan Akhanlis führte, stammt aus dem Jahr 2013. Nun soll die Bundesregierung herausfinden, welche Deutschen noch auf den Interpol-Fahndungslisten stehen.«

SZ: »Akhanli wurde in Spanien festgenommen.«

Die Welt: »Wer ist Dogan Akhanli?«

taz: »Verhaftung in Spanien bezieht sich auf 1989.«

»Vor dem Richter, dem Sie gleich vorgeführt werden, werden Ihnen zwei Fragen gestellt«, sagte der Mann mit großem Selbstbewusstsein. »Die erste beantworten Sie mit Nein, die zweite mit Ja. Haben Sie das verstanden?«

Das war genau das, was ich brauchte. Eine entschlossene Stimme. »Alles klar«, sagte ich lächelnd, und in mir flammte Hoffnung auf: Wenn du so einen Anwalt hast, kann dich niemand festhalten. Er sprach Deutsch, und der Dolmetscher neben ihm war zur Untätigkeit verdammt. Den Inhalt der Fragen, die mir gestellt werden würden, hatte ich zwar nicht genau mitbekommen, aber ich wusste, dass ich die erste verneinen, die zweite bejahen musste. Bevor die Unterredung zu Ende war, ging ich auf Nummer sicher und fragte: »Wie lauten bitte die Fragen?« Er erläuterte es.

Erste Frage: Akzeptieren Sie die Auslieferung an die Türkei? NEIN.

Zweite Frage: Sind Sie bereit, wegen des Ihnen zur Last gelegten Vergehens vor Gericht gestellt zu werden? JA.

»Haben Sie noch eine Frage?«, wollte er dann wissen. Dass Ilias bereits in Madrid war, war klar.

»Ist meine Freundin Perihan Zeran auch hier?«, fragte ich.

»Ja«, sagte er, »und der deutsche Botschafter auch.«

Was für eine beruhigende, was für eine großartige Neuigkeit!

Im Sibirien des Jahres 2010 war der Erste, der es geschafft hatte, mich zu besuchen, mein Neffe Cem gewesen, der Sohn meines Erdal Abi. Die Zweite war Juliane Busch vom Deutschen Konsulat.

Cems Besuch war ein einziges Déjà-vu. Cem wurde am 15. Juli 1975 geboren, an dem Tag, an dem Erdal mich nach meiner allerersten Verhaftung besucht hatte. Als ich 2010 den Besucherraum betrat, traute ich meinen Augen nicht. Ich musste mich mächtig zusammennehmen, um zu begreifen, dass Cem vor mir stand und nicht mein Bruder. Im Tonfall, in seiner Sanftheit und der selbstbewussten Art glich er meinem Bruder aufs Haar. Er war sieben Jahre älter, als sein Vater damals beim Gefängnisbesuch gewesen war.

Die Angehörigen des Deutschen Konsulats in Istanbul haben mich während meiner viermonatigen Haftzeit 2010 regelmäßig besucht. Als ich von Istanbul in die Haftanstalt in Tekirdağ verlegt worden war, wurde ich in eine Einzelzelle ohne Hofgang gesteckt. Türkische Briefe durfte ich erhalten und schreiben. Deutsche Briefe, Zeitungen, Zeitschriften und Bücher wurden mir vorenthalten. Frau Busch brachte die deutschen Briefe mit, legte sie mir vor und sorgte dafür, dass ich sie lesen konnte. Ungewollt wurde sie so zu meiner Mitwisserin. Die während der Besuchszeiten anwesenden Aufsichtsbeamten griffen nicht ein.

Ende Oktober kam sie in Begleitung der Generalkonsulin, Britta Wagener. Am selben Tag wünschte mich der Gefängnisdirektor zu sprechen. Er machte seinem Beruf alle Ehre. Streng, autoritär, unnachgiebig. Frau Wagener habe ihm, bevor sie zu mir kam, gesagt: »Doğan Akhanlı ist wichtig für uns, wir möchten nicht, dass ihm hier Unangenehmes widerfährt.« Der Direktor fragte mich: »Wer sind Sie eigentlich? Warum sind Sie für die Deutschen wichtig?«

»Ich bin ihr Staatsbürger«, antwortete ich.

Er sah mich mit einem merkwürdigen Blick an.

Dass er es nicht verstand, war kein Wunder. Dieses Land war seit einem Jahrhundert damit beschäftigt, die eigenen Staatsbürger zu unterdrücken, zu misshandeln, zu ermorden, niederzumetzeln. Der Mythos, wir hätten 1923 die Republik gegründet, indem wir gegen *die sieben Großmächte* Krieg geführt hatten, wurde durch Generationen hindurch propagiert und von Staatsmännern, Lehrern, Historikern, ja nahezu allen Türken nachgeplappert. Doch es gab nicht allzu viele Fakten, die diesen Mythos stützten. Beispielsweise war kein einziges Beispiel des Widerstands gegen die Briten (vermutlich eine der gemeinten sieben Mächte) vorzuweisen, die 1918 Istanbul besetzten. Die nach der Oktoberrevolution 1917 ausgerufene Russische Sowjetrepublik hatte alle ihre Militäreinheiten aus dem Osten der Türkei abgezogen. Der Grund für den im Südosten gegen die französischen Einheiten geleisteten Widerstand war die Tatsache, dass die französische Legion aus armenischen Freiwilligen gebildet worden war, die den Völkermord von 1915/16 überlebt hatten.

Dass die Geschichte der Türkischen Republik die Geschichte einer Ansammlung von gewaltsamen Auseinandersetzungen ist, liegt daran, dass die Keller der »Befreiungsgeschichte« voller Leichname christlicher Staatsbürger sind und dass man sich dieser Geschichte der Massaker an den Armeniern nicht stellt, sondern an der Leugnung festhält. 1938 kamen die Opfer unter den Kurden und Aleviten in Dersim hinzu. Und 80 Prozent der Juden in der Türkei, die wir ach so gut geschützt zu haben vorgeben, haben unmittelbar nach den Istanbuler Pogromen 1955 die Türkei verlassen.

Die auf dem Weg zur Demokratisierung unternommenen Schritte wurden alle zehn Jahre durch Militärputsche, militärische Memoranden unterbrochen, und der *Ausnahmezustand* wurde in der Türkei zur Regel. Die juntahaft despotische Politik der Regierung Erdoğans, der als Reformer auf die politische Bühne trat und dem es mithilfe der *Gülen-Gemeinde* – von der wir erst jetzt wissen, wie sehr sie Regierung und Verwaltung unterwandert hatte und wie entwickelt ihre Fähigkeiten zu Manipulation und Komplotten waren – gelang, das Militär zu schwächen, ist lediglich das letzte Glied dieser Gewaltgeschichte.

Am Abend des Tages, an dem ich mit dem Anstaltsleiter gesprochen hatte, wurden etwa fünfzig deutschsprachige Bücher, zahlreiche Ausgaben deutscher Zeitungen und Zeitschriften sowie deutschsprachige Briefe und Postkarten, die sich seit August angesammelt hatten, in meine Zelle geschleppt, sodass sie sich in eine an mein Arbeitszimmer erinnernde Oase verwandelte, in der ich meinen Träumen nachhängen konnte. Ich las nächtelang, bis sich mir der Kopf drehte. Dennoch half es nicht gegen die Schlaflosigkeit.

Wenn meine Augen geblendet waren vom Licht und ich nicht weiterlesen konnte, tauchte ich ein in die Gesichter der Menschen auf den Fotos oder die Landschaften auf den Postkarten und entfloh ganz mühelos an andere Orte. Eine dieser Gedankenreisen erlebte ich dank eines auf ein DIN-A4-Blatt geklebten Fotos. Es war ein schlichter Brief aus Berlin, bestehend aus dem Satz »Lieber Doğan, wir denken an Dich« und den Unterschriften der abgebildeten Personen. Von den zwanzig Personen auf dem Foto kannte ich die Hälfte. Eine Seminargruppe, die zusammengekommen war, um sich eine Woche lang mit der armenisch-türkisch-deutschen Geschichte auseinanderzusetzen. Wäre ich nicht verhaftet worden, hätte ich sie gemeinsam mit Sophia Georgallidis und Eike Stegen geleitet. Wir waren ein für eine Seminargruppe fast schon zu harmonisches Team.

Meinen inneren Dialog begann ich mit diesen beiden. Mit Sophia machte ich mich auf eine abenteuerliche Reise von Thessaloniki über Sivas bis zu meinem Geburtsort Şavşat. Meine Gedankenreise führte uns zunächst nach Thessaloniki, in das Viertel Kalamaria, wo Sophia in ihrer Kindheit Türkisch gelernt und wo ihre aus der Türkei vertriebene Großmutter jahrelang gelebt hatte. In Sivas angekommen, gedachten wir der Aleviten, die im Juli 1993 im Madımak-Hotel ermordet worden waren. Das Hotel, in dem der Brandanschlag stattfand, beherbergte ein Kebap-Restaurant. Und der Geruch des gegrillten Fleisches zog mir in alle Poren. Wir verweilten nicht lange dort und besuchten das Dorf von Sophias Großmutter und hielten einen Plausch mit den alten Frauen, die Kindheitsfreundinnen ihrer Großmutter gewesen sein mussten. Die alten Tantchen schenkten Sophia umhäkelte Kopftücher. Anschließend besuchten wir mein Geburtsdorf. Weil meine toleranten Dörfler das, was man ihnen sagt, einfach so hinnehmen, wie es ist, war ich mir sicher: Sie fänden es nicht befremdlich, dass ich mit einer griechischen Frau auftauchte. Und wenn sie ihre Geschichte hörten, würden sie diejenigen verfluchen, die Sophias Großmutter vertrieben hatten.

Als der Tag anbrach, hielt ich immer noch das Gruppenfoto in der Hand und betrachtete nun die beiden Frauen in der Mitte des Fotos, die einander ähnlich sahen. Eine sah mich direkt an, die andere hatte den Blick in die Ferne gerichtet. Ich las die Unterschriften durch. Sie mussten miteinander verwandt sein. Reyhan Z. und Perihan Z. Ich irrte mich nicht. Sie waren Schwestern. Und in diesem Augenblick, hier in Madrid, wartete Perihan Z. am Eingang auf meine Freilassung. Dass Ilias Uyar und Botschaftsangehörige bei ihr waren, war beruhigend. Mein Geschenk zu ihrem Geburtstag am nächsten Tag steckte in meinem Rucksack. Sollte ich in Haft bleiben, würde ich es Gonzalo Boye sagen.

Gonzalo Boye wollte mich erneut sprechen. Er kam gleich zur Sache: »Bei derartigen Fällen«, sagte er, »machen es sich die Richter in der Regel einfach und erlassen in 99 von 100 Fällen Haftbefehl. Normalerweise liegt die Wahrscheinlichkeit freizukommen bei einem Prozent. Die Tatsache, dass die Festnahme an die deutsche Öffentlichkeit gelangt ist und das Außenministerium interveniert hat, verkehrt diese Wahrscheinlichkeit ins Gegenteil, das ist meine Einschätzung. Also 99 Prozent Freilassung und ein Prozent Haftbefehl. Mach dir keine Sorgen, falls der Richter sich für ein Prozent entscheiden sollte. Ich spreche aus Erfahrung: Die spanischen Haftanstalten sind nicht so schlimm wie die türkischen! Wichtig ist jetzt, dass du aus tiefstem Herzen daran glaubst, freigelassen zu werden. Überlass alles andere mir.«

Ich lächelte. Che Guevaras Wort kam mir in den Sinn: *Seien wir realistisch, versuchen wir das Unmögliche.*

Realistisch sein, das war etwas, was mir im Herbst des Jahres 2010 nicht in den Kram passte. Als feststand, dass mein Prozess am 8. Dezember 2010 beginnen sollte, schrieb ich Briefe aus dem Gefängnis, die klangen, als sei ich längst freigelassen worden, und die meine Freunde in Köln wahrscheinlich an meinem Geisteszustand zweifeln ließen. Es bestand die Möglichkeit, als Terror- und Mordverdächtiger ein Leben hinter Gittern verbringen zu müssen, und ich benahm mich wie ein Kind, das Bonbons im Tante-Emma-Laden hatte mitgehen lassen, längst den Eltern übergeben wurde und nun ungeduldig darauf wartete, auf den Spielplatz zu den anderen Kindern zu dürfen. Ich schrieb Briefe an meine Kölner Freunde, in denen ich meinen Wunsch zum Ausdruck brachte, mich mit ihnen im Dezember und Januar zu treffen. Wie ernst die Lage war, der

Schlamassel, den ich mir durch meine leichtsinnige Reise in die Türkei selbst eingebrockt hatte, konnte ich erst Monate später, nach meiner Rückkehr nach Köln, begreifen, nachdem ich all das Geschehene hatte Revue passieren lassen.

Die Nacht vor dem Abtransport zum Gericht war eine schlaflose. Meinen letzten Tag im Gefängnis hatte ich damit verbracht, mich ein letztes Mal mit meinen Mitgefangenen jenseits der Zellenwände zu unterhalten. Ich kannte ihre Gesichter nicht und ihre Geschichten nur vage. Ich wusste, dass viele von ihnen in Zusammenhang mit der PKK oder wegen organisierter Kriminalität verurteilt waren. Alle zu lebenslanger Haft. Mithilfe der gefängniseigenen Nachrichtenübermittlung ließ ich sie wissen, dass ich am nächsten Tag freigelassen werde und ihren Familien da draußen gerne etwas von ihnen zukommen lasse, wenn sie das wünschen. Von den PKKlern kam keine Antwort. Wahrscheinlich hatten sie ihre eigenen Kanäle nach draußen.

Ein Mitgefangener vom Nachbarblock, nach eigenen Angaben ein Rechter und zunächst wegen einer unpolitischen Tat verurteilt (warum er aktuell einsaß, wusste ich nicht), schickte mir per »Aufzug« einen Brief an seine Mutter mitsamt ein paar Fotos von sich. Den Brief an die Mutter habe ich aus Gründen des Anstands nicht gelesen, aber die Fotos habe ich mir angeschaut. Der Mann darauf war ein richtiger Westentaschenheld, ein Vorort-Raufbold in Anzug und Lackschuhen. Einige Wochen zuvor hatte er mich gebeten, das englische Schreiben zu übersetzen, das er vom Europäischen Gerichtshof für Menschenrechte erhalten hatte. Er hatte dort vorgebracht, dass nur seine Aussage, die er unter schwerer Folter gemacht hatte, zu dem hohen Strafmaß geführt habe und deshalb nicht rechtens sei, und die Antwort erhalten, dass seine Klage zugelassen werde. Ich hatte zwar, um die langen Gefängnisnächte zu verkürzen, meine Englischkenntnisse aufgefrischt, aber noch nie in meinem Leben auch nur ein einziges Wort Englisch gesprochen. Meine Kenntnisse waren eher theoretischer Art. Mithilfe eines Wörterbuches, das, von Zelle zu Zelle zu Zelle geworfen, auf unserem Innenhof gelandet war, hatte ich das Schreiben übersetzt und dem Mann zukommen lassen. Er war über alle Maßen erfreut und erklärte mich, obwohl ich ein Linker war, zu seinem Bruder im Diesseits und im Jenseits.

Gegen Morgen packte ich meine Kleidung und meine Bücher in zwei große grüne Müllsäcke.

Die Verhandlung meines Zellennachbarn, eines Studenten, fand am selben Tag statt. Er war, genau drei Tage vor seiner Trauung, unter dem Vorwurf der PKK-Mitgliedschaft und der Vorbereitung eines Bombenanschlags verhaftet worden. Weil in der Gemeinschaftszelle, in der er zuvor war, Parolen skandiert worden waren, hatte er Korrespondenzverbot. Er war ein gläubiger Mensch, verrichtete die rituellen Gebete und betete laut: »Gott, errette mich!«

Um das Briefverbot zu umgehen, entwickelten wir einen Plan. Ich verwandelte seine Briefe an die Verlobte in Erzählungen und schickte sie ihr an seiner statt. Unser Plan funktionierte etwa einen Monat. Die Wärter kamen mit dem letzten Brief an und sagten, dass auch über mich ein Korrespondenzverbot verhängt werde, wenn ich seiner Verlobten noch einmal schreiben sollte.

So blieben als einzige Verbindung zwischen den Liebenden die Musiksendungen der Fernsehkanäle, die telefonisch oder per SMS gesendete Zuschauerwünsche erfüllten. Außerhalb der Gebets- und Essenszeiten verbrachte er seine Tage und

Nächte vor dem Fernsehgerät, und wenn nachts ein Stück gespielt wurde, das seine Verlobte sich für ihn gewünscht hatte, rief er mir zu: »Doğan Abi! Meine Verlobte ist im Fernsehen, hör zu!« Und er drehte den Fernseher bis zum Anschlag auf.

Am Besuchstag anlässlich des Zuckerfestes kam seine Mutter, eine Frau etwa meines Alters, zu mir, ohne sich um den Einwand der Wärter zu kümmern, und sagte: »*Kurban,* mein Leben, pass auf meinen Sohn auf!«

Je näher der Verhandlungstag rückte, desto mehr verschlimmerte sich sein Zustand. Er lief Gefahr abzudriften, jederzeit den Kopf gegen die Zellenwände zu schmettern oder sich an einem Laken aufzuhängen, zu verdursten und zu verhungern, weil er Essen und Trinken verweigerte. Die Musikkanäle zu verfolgen, um die Wunschtitel der Verlobten nicht zu verpassen, verbrauchte seine ganze Kraft. Er kam kaum noch aus seiner Zelle raus. Und seine lauten Gebete wurden konkreter: »Gott, sag dem Richter, dass er mich freilässt!«

Dass unsere Verhandlungen am selben Tag waren, erschwerte die Last, die mir seine Mutter aufgebürdet hatte. »Pass auf meinen Sohn auf«, diese Worte gingen mir nicht aus dem Sinn. Dass zwei Häftlinge aus demselben Hof am selben Tag hintereinander vor Gericht kamen, vermochte ich weder als gutes noch als schlechtes Omen zu deuten. Wenn ich freikäme und er nicht, wäre er ganz auf sich gestellt. Die Angst in mir wuchs, und ich begann Wünsche folgender Art zu äußern: »Gott, wenn es dich gibt und wenn du so allmächtig bist, sorg bitte dafür, dass dieser Junge freikommt!« Ich hatte auch einen weitaus konkreteren Plan. Ich schrieb einen formellen Antrag, an die Gefängnisverwaltung gerichtet, den ich auf dem Tisch liegen ließ. Mein Zellennachbar sei suizidgefährdet und müsse rund um die Uhr überwacht werden.

Als wir abfuhren, war es stockdunkel. Der Gefangenentransporter war ein Monstrum aus Stahl, diesen Geldtransportern für Banken nicht unähnlich. Im Inneren befanden sich auf der linken Seite eine Reihe von stählernen Transportzellen in der Größe von Telefonzellen. Die Verständigung nach außen wurde ausschließlich über Telefon und Kameras bewerkstelligt. Wir sechs Gefangene wurden zu zweit in die engen Zellen gesetzt und mit Handschellen aneinandergekettet. Dass selbst in den Transportfahrzeugen diskriminiert wurde, kam mir sehr ungelegen. Dadurch war es mir nicht vergönnt, mit dem Kurden zusammen zu sein. Man kettete mich an einen Hünen, einen ausgesprochenen Kurdenhasser, der die zweieinhalb Stunden Fahrt nach Istanbul damit verbrachte, die Kurden aufs Unflätigste zu beschimpfen: »Scheiß-Kurden, ich ficke eure Mütter! Scheiß-Kurden, ich ficke euch in den Arsch!« Wegen seines riesigen Körpers war kein Platz mehr in der Transportzelle, um mich zu erbrechen.

Schließlich kamen wir in Istanbul-Beşiktaş an, wo sich die mit besonderen Befugnissen ausgestatteten Großen Strafkammern befinden. Der Stadtteil ist bekannt für seinen gleichnamigen Fußballklub, der nach dem Militärputsch von 1980 allmählich besser und schließlich sogar Meister wurde und damit auch unter den bislang nicht fußballinteressierten Linksradikalen in den Militärgefängnissen zahlreiche Anhänger gewinnen konnte. Die Anhängerschaft wird *Çarşı* genannt. In gewisser Weise ist das die türkische Version des Hamburger FC Sankt Pauli. Bei den Gezi-Protesten im Jahre 2013 haben die *Çarşı*-Leute eine äußerst sympathische Rolle gespielt.

Dieser Park hat übrigens eine wenig bekannte Besonderheit aufzuweisen. Dort, wo heute der Gezi-Parkı ist, befand sich früher ein armenischer Friedhof. 1919 wurde hier das erste Mahnmal für die ermordeten Armenier errichtet.

Deniz Yücel, der alle Gezi-Proteste von Anfang an verfolgt hat und zurzeit in der Haftanstalt Silivri in Geiselhaft gehalten wird wie ein Kriegsgefangener, schreibt in seinem Buch *Taksim ist überall,* dass die Gezi-Proteste in einer Türkei, in der sich die Frontenbildung zugespitzt hat, die Chance boten, zusammenzukommen und einander kennenzulernen. Auf seinen Lesungen zeigte er als Beweis dessen ein Foto. Darauf waren junge Männer zu erkennen, die gemeinsam vor der Polizei flohen. Einer von ihnen trug die türkische, der zweite die kurdische Fahne, und in der rechten Ecke des Fotos war ein dritter Mann zu sehen, der mit dem Handzeichen der Grauen Wölfe den Angriff durch die Polizei verurteilte.

Genauso stellt sich die Wirklichkeit dar. Möglicherweise sind die Gezi-Proteste der wichtigste friedliche Massenaufstand aller Zeiten in der Türkei gewesen. Die Initiatoren wurden aber beschuldigt, »die gewählte Staatsführung mit undemokratischen Mitteln stürzen« zu wollen. Beim Gezi-Widerstand verschmolzen erstmals die Forderung nach Demokratie und die Forderung nach Gerechtigkeit für die Opfer historischer Gewalttaten. Ein Zeichen für diese Annäherung, ja Verschmelzung, war die Entscheidung der Parkbesetzer, einen der durch den Gezi-Park führenden Wege nach Hrant Dink zu benennen.

Hrant Dink wurde ermordet, weil er eine historische Lüge ans Tageslicht brachte und weil er Armenier war. Er wurde vom Generalstab bedroht, angeklagt und wegen eines 2004 in der Zeitung *Agos* veröffentlichten Artikels zu einer Gefängnisstrafe verurteilt. Darin hatte er enthüllt, dass Atatürks Adoptivtochter Sabiha Gökçen, deren Namen der Flughafen von Istanbul trägt, eigentlich eine armenische Vollwaise namens Hatun Sebilciyan war, die ihre Eltern beim Genozid verloren hatte. Sabiha Gökçen war darüber hinaus die erste Kampfpilotin der Türkei und von ihrem Adoptivvater im Jahre 1938 zum Bombardement jener Regionen geschickt worden, in denen die Dersimer Aleviten lebten.

Alle nationalistischen Presseorgane, unter ihnen auch *Hürriyet,* erklärten Hrant Dink zur Zielscheibe, und er wurde mitten in Istanbul kaltblütig ermordet. Hrant Dinks Beisetzung gestaltete sich zu der bis dahin größten Demonstration in der Türkei. Hunderttausende bekannten: *Wir sind alle Hrant Dink, wir sind alle Armenier.* Der Historiker Taner Akçam, einer der bedeutendsten Initiatoren der Geschichtsaufarbeitung in der Türkei, bewertete die große Beteiligung an der Beisetzung und das Ausmaß des Protests als Entschuldigung für das Schweigen angesichts jahrzehntelanger Lüge und Leugnung.

Die Große Strafkammer mit besonderen Befugnissen in Beşiktaş ist ein Ort, an dem man mit fadenscheinigen Begründungen nicht nur den Versuch unternahm, Hrant Dink hinter Gitter zu bringen, sondern auch Schriftsteller von Weltrang wie Orhan Pamuk, Elif Şafak und Yaşar Kemal.

Ich hatte 2010 keinen Fernseher in meiner Zelle, und mein Nachbar nebenan hatte, wie gesagt, wegen seiner Verlobten ständig nur die Musikkanäle eingeschaltet. Deshalb konnte ich die Rufe, die von draußen hallten, als der Gefangenentransporter auf dem Hof der Großen Strafkammer in Beşiktaş gehalten hatte, nicht einordnen: *Gerechtigkeit für Doğan Akhanlı!*

Es war viel passiert, während ich einsaß. Mein Freund und ehemaliger Kommilitone Haydar Erol, der mich regelmäßig besuchte, hatte alles stehen und liegen lassen und sich mit aller Kraft und Energie meiner Verteidigung gewidmet, obwohl er eigentlich keine politischen Fälle übernahm. Er besuchte mich mindestens zweimal in der Woche. Beim Militärputsch von 1980 hatte Haydar Erol unmittelbar vor dem Abschluss seines Chemiestudiums an der Universität von Trabzon gestanden. Am Putschabend wurde er im Studentenwohnheim festgenommen und schwerster Folter unterworfen. Sie konnten ihm nichts anhängen. Als er drei Jahre später freigelassen wurde, schloss er zunächst sein Chemiestudium ab, um dann seinen Traum zu verwirklichen und Jura zu studieren. Er wurde ein erfolgreicher Anwalt.

In den vier Monaten meiner Haft hat er alles andere zurückgestellt. Er hat keinen Cent Honorar akzeptiert. Er hat sich selbst versprochen, mit dem Rauchen aufzuhören, wenn er mich freibekäme.

Die Notizen meiner anderen Anwältin, Sennur Baybuğa, zu jenen Tagen lesen sich wie folgt:

»Die Verhandlung wird auf den 8. Dezember 2010 angesetzt. Wir bemühen uns, Doğan vor diesem Termin herauszubekommen. Keine Chance. Die Söhne des getöteten Geldwechslers kommen zum Gericht und machen eine Aussage, sie sagen: ›Das ist nicht der Mann, der unseren Vater ermordet hat.‹ Zwei erwachsene Männer, deren Vater tot ist, ermordet wurde, werden von sich aus und in Begleitung ihres Anwalts vorstellig und versichern, das sei nicht der Mörder, sagen ›Findet den wahren Mörder‹, und unterschreiben den Antrag, Doğan freizulassen. Das Gericht lässt ihn trotzdem nicht frei. Wir müssen den Verhandlungstag abwarten, da hilft nichts. Es ist November. Ich bin auf der Insel, sitze im Teegarten. Ein Anruf: Doğans Vater, der Grund seiner Einreise nach 20 Jahren, hat nicht länger auf den Sohn warten können und ist gestorben.

Ich erinnere mich nicht mehr, wer der Anrufer war, ich rufe den Gefängnisdirektor an: ›Bitte händigen Sie ihm am Wochenende keine Zeitungen aus‹, sage ich, ›wir kommen Montag. Geben Sie ihm zwei Tage lang keine Zeitungen, damit er es nicht aus der Zeitung erfährt.‹ ›Selbstverständlich‹, sagt er. Man zeigt Verständnis.«

Es war in den frühen Morgenstunden. Das Gefängnis war in eine extreme Stille gehüllt. Mein Nachbar von nebenan war, erschöpft von den Musiksendungen, eingeschlafen. Ich hörte etwas. Von einem der Nachbarblöcke war ein Paket oder ein Bündel in den kleinen Innenhof geworfen worden. In einer Ecke des Hofs lag eine zusammengerollte Zeitung im Format der *Frankfurter Rundschau* und ebenso linksliberal wie diese: *Radikal*.

Die Überschrift »Er wird den Vater nicht mehr sehen können« bezog ich zunächst nicht auf mich. Dann fiel mein Blick auf das Wort *Akhanlı* und anschließend auf Vaters Foto, doch es dauerte sehr lange, mir bewusst zu machen, dass Vater gestorben war. Ich fürchtete, den Verstand zu verlieren.

Sennur Baybuğa: »Am Montag gingen Haydar Erol und Ercan Karataş zu ihm, einen Tag später ich. ›Ich werde vor Gericht nicht sprechen‹, sagte Doğan. ›Ich habe beschlossen zu schweigen. Was sagst du dazu?‹, fragte er mich. ›Schweig‹, sagte ich, ›sag nichts.‹ Ich hatte jegliche Professionalität verloren.«

Meinen Antrag, in dem ich meinen Entschluss zu schweigen begründete, ließ ich Haydar Erol zukommen: »Die Erfüllung meines alleinigen Wunsches, meinen Vater zu sehen, wurde durch die Beschuldigungen, mit denen ich plump überschüttet wurde, und die willkürlichen Urteile der Richter auf eine unumkehrbare Art und Weise verhindert. Der Tod meines

Vaters am 26. November 2010 wurde für mich zu einem nicht wiedergutzumachenden Verlust, zu dem Punkt, wo Worte fehlen. Jeder hat eine Akzeptanzgrenze. Den voreingenommenen, überheblichen, gleichgültigen, die eigenen Gesetze missbrauchenden Richtern und Staatsanwälten dieses Landes, in dem ich mich als ›der Andere‹ fühle und das mir mit einer unbarmherzigen Ablehnung begegnet, habe ich nichts mehr zu sagen. Ich entscheide mich in allen Phasen des Prozesses für ein absolutes Schweigen.«

Die Zelle, unser Warteraum, war brechend voll. Vor Zigarettenqualm konnten wir einander kaum sehen. Der junge Kurde, der vor mir vors Gericht geführt wurde, kam frei. Wir umarmten uns im Qualm.

Den Rest hören wir von meinem Freund Peter Bach: »Mit mindestens dreißig Menschen waren wir zu Doğans Prozess am 8. Dezember nach Istanbul gereist. So genau war das nie festzustellen, weil natürlich immer viele Freunde und Unterstützer Doğans aus der Türkei mit uns zusammen gekommen sind. Die Ersten waren schon am Montagvormittag auf der Pressekonferenz mit den türkischen Medien beim türkischen Journalistenverband: zwei Fernsehkameras, viele Mikrofone. Die Vorsitzende des Journalistenverbandes, der Vorsitzende des PEN-Clubs in der Türkei, ein Freund und ein Rechtsanwalt Doğans geben Auskunft zur Inhaftierung und zum Prozess.

Am Dienstagabend Treffen der Delegation beim türkischen Menschenrechtsverein – ein Ort, dem man noch die Spuren des letzten Überfalls ansieht. Der Raum ist voll. Die Stimmung im Saal ist von der Hoffnung geprägt, Doğan am nächsten Tag freizubekommen. Aber schwer drückt allen die Ungewissheit aufs Gemüt: Was, wenn er nicht freikommt? Die Frage drängt nach vorn, man mag sich ihr aber nicht stellen. Sie wird auf ein Minimum zusammengedrückt und muss hoffnungsvollen Scherzen den Vortritt geben.

Alles ist gut vorbereitet. Plakate mit seinem Bild und der Aufschrift ›Gerechtigkeit für Doğan Akhanlı‹ in drei Sprachen liegen bereit. Verhaltensmaßregeln werden erläutert: Nur keinen Abbruch oder eine Vertagung riskieren!

Abends spät oben auf der Terrasse ein Umtrunk auf Doğan und unsere morgige Aktion. Die Letzten treffen noch Günter Wallraff, als er gegen Mitternacht eintrifft. Für den Prozesstag um elf Uhr ist eine Pressekonferenz vor dem Gerichtsgebäude angekündigt. Auf dem Vorplatz von Weitem schon ein riesiges Durcheinander: Große Gefängnistransporter drängen sich durch die Menge. In ihnen werden Gefangene herangekarrt. Ihre Angehörigen und Freunde stehen in Gruppen auf dem Platz und harren an der Eingangskontrolle auf ihre Einlassung. Ein Transparent ist aufgehängt. Als sich unsere Delegation gegen 10.30 Uhr nähert, geht ein Ruf durch die Pressevertreter: ›Günter Wallraff, Günter Wallraff!‹ Seine Popularität seit *Ganz unten* ist ungebrochen. Sofort wird die Delegation mit Fragen bestürmt. Albrecht Kieser stellt das Anliegen vor, dann Günter Wallraff und Andrej Hunko, MdB der Linken. Berivan Aymaz übersetzt. Es herrscht ein wildes Gedränge. Mit Ellbogen und Knien werden Plätze für Mikrofone und Kameras erobert und verteidigt. Hinter den Sprechern weitere Delegationsmitglieder mit den Plakaten. Ein Bild wie komponiert. Es ist eine entschlossene, gut harmonierende Delegation. Obwohl aus Köln, Berlin, Frankfurt, Amsterdam, vielen Orten der Türkei angereist, agieren wir, als würden wir uns lange kennen. Ein Freund Doğans aus Ankara hat seine Ankunft gegen zehn Uhr fotografiert: Doğan, mit Handschellen gefesselt, mild blickend, eingekreist von sechs ›Jandarmeri Cezaevi‹ in soldatischen Uniformen. Links und rechts wird er von zweien gehalten. Vier sichern seinen Transport. Während des folgenden vierstündigen Prozesses werden sich immer zwei von ihnen neben ihm die Beine in den Bauch stehen (und unsere Sicht auf Doğan behindern).

Um kurz vor elf ist die erste spontane Pressekonferenz beendet. Jetzt sind die Pressevertreter für die angekündigte Konferenz um elf Uhr da. Alles geht noch mal von vorn los. Nur einige Meter weiter.

Dann kommen die Rechtsanwälte und werden ebenfalls interviewt. Wir erfahren, dass sich der Prozessbeginn verzögert. Wir finden ein Café gleich in der Nähe, hinter der neben dem Gericht liegenden Uni am Ufer des Bosporus. Eine schöne, aber auch verstörende Szene: Über fünfzig Freunde und Unterstützer Doğans versammeln sich auf einer sonnigen Terrasse mit Blick auf den Bosporus, die Fährschiffe und die asiatische Seite Istanbuls. Wir freuen uns über die gelungenen Pressekonferenzen und unsere große Anzahl. Für viele politische FreundInnen und SchriftstellerkollegInnen ist es ein Wiedersehen nach langer Zeit. Gleichzeitig wissen wir Doğan in einem vermutlich ziemlich tristen Warteraum.

Wie geht es ihm? Ist er zuversichtlich, zweifelnd, geknickt nach dem Tod seines Vaters? Widersprüchlichste Vermutungen gehen uns durch den Kopf. Dann Aufbruch zum Anstehen vor dem Saal. Wir wollen früh da sein, nicht dass Fremde oder Polizisten die Plätze belegen. Wenn wir drin sind, soll eventuell noch mal getauscht werden. Wir wollen sicherstellen, dass angereiste PressevertreterInnen einen Platz bekommen.

Im Vorraum herrscht ein ungeheures Gedränge. Prozesse finden in drei Sälen statt. Offensichtlich wird fast überall über Kurden verhandelt. Ihre Familien und Freunde sind zwischen uns eingequetscht. Wenn ein Verfahren beendet ist, rotiert die Menge. Wir versuchen an den Gesichtern den Prozessausgang abzulesen. In zwei Fällen gibt es großen Jubel: Freispruch! Können wir auch gleich jubeln?

Als wir endlich in den Saal drängen, sitzt Doğan schon, flankiert von den zwei Posten, etwas zusammengedrückt auf der Anklagebank. Einigen kommen die Tränen. Als Doğan aber sieht, wer in den Saal strömt, erhellen sich seine Gesichtszüge. Er murmelt Namen, verteilt nickend Grüße. Immer mehr drängen hinein. Es ist brechend voll. Der Gerichtsdiener erklärt, dass der Prozess erst beginnt, wenn alle sitzen. Die auf den Bänken quetschen sich auf kleinstem Raum zusammen. Manche sitzen fast auf dem Schoß. Die anderen setzen sich auf den Boden. Es gibt Probleme mit Beinen und manchmal auch den Gelenken. Ein paar gehen raus.

Als alle sitzen, beginnt der Richter. Als kurz danach die meisten nicht mehr so eng sitzen können und aufstehen, wird es geduldet. Darum kommen auch die anderen wieder rein. Insgesamt sind wir wohl über hundert in einem Saal für angeblich 24. Solange ich noch auf der Bank sitze, bekomme ich einiges übersetzt. Nachher auf dem Boden klappt es nicht mehr. Doğan stellt sich mit seinem Namen, seinem Geburtstag und seinem Geburtsort vor. Mehr nicht. Die Verteidiger erklären, dass Doğan aus Protest keine weiteren Aussagen machen wird. Nach dem Tod seines Vaters hatte er diesen Entschluss gefasst.

Die Verteidigung stellt den Antrag, dass Doğan sich neben die Anwälte setzen darf. Er ist Deutscher, und in Deutschland steht den Angeklagten der Kontakt zu seinen Verteidigern zu. Der Antrag wird abgelehnt. Danach beantragt die Verteidigung die Einstellung des Verfahrens, weil das Verfahren nach den entlastenden Zeugenaussagen grundlos geworden ist.

Der Richter befragt die beiden Söhne des beim Überfall Getöteten. Sie bestätigen ihre entlastenden Aussagen. Der Staatsanwalt widerspricht mit Hinweis auf Widersprüche in den alten und neuen Aussagen der Zeugen. Der Richter lehnt den Antrag der Verteidigung ab. Nach über einer Stunde beginnt die Hauptverhandlung mit dem Vortrag der Anklageschrift durch die Staatsanwaltschaft. Dann die Stellungnahme der Verteidigung. Danach erste Zeugenvernehmungen. Die Zeugen werden mit Widersprüchen konfrontiert, finden aber eine Erklärung.

Die Atmosphäre im Saal ist geprägt von großer Unsicherheit. Worauf läuft das alles hinaus? Soll dieses unwürdige Schauspiel über die Freiheit von Doğan entscheiden? Ist das Ernst oder eine Farce? Es wird stundenlang aus Prozessakten vorgelesen. Wissen das nicht alle? Muss man das alles noch mal vorlesen? Die Zeit vergeht nicht. Die Ungewissheit ist bedrückend.

Endlich Pause. Im Vorraum verkauft ein fliegender Händler Wasser und Süßigkeiten. Er braucht schnell Nachschub. Nach 15 Minuten geht es weiter.«

Als ich mich nach der Pause umschaute, erkannte ich: Meine Anwältin Sennur Baybuğa war nicht mehr dabei, ich machte mir Sorgen. Die Zeugen M.T. und Ü.T., deren Vater ermordet wurde, nahmen Platz, dann meine Freunde aus Kindheit und Jugend, die zu erkennen mir schwerfiel, eine einundzwanzigköpfige internationale Delegation, mehrheitlich aus der Bundesrepublik kommend, die Vertreter von in- und ausländischen Medien sowie die Vertreter der Deutschen Botschaft. Die Verhandlung wurde eröffnet.

Es kam zur Vernehmung des Zeugen H.K. Er wiederholte seine am 31. August 2010 schriftlich niedergelegte Aussage. Er sei 1992 bei dem Versuch, das Land zu verlassen, gefasst worden. Er versäumte es nicht, der Polizei in Edirne zu danken, die ihn festgenommen, aber nicht gefoltert habe. Länger über das Paradox nachzudenken, dass ein Bürger eines Staates, der ein Rechtsstaat zu sein vorgab, sich dafür bedankte, nicht gefoltert worden zu sein, wäre interessant gewesen, aber die Verhandlung ging weiter. H. K. war in der Abteilung Terrorbekämpfung, in die er überführt wurde, schwerer Folter unterworfen gewesen. Der Folterbericht der Gerichtsmedizin war in den Akten. Er wurde verlesen und zu Protokoll genommen. Die Person mit dem (offenbar von der Anklage vergebenen) Decknamen *Doğan K.* habe er Anfang der Neunzigerjahre kennengelernt. Er habe unter der Folter dessen Namen angegeben, da er gewusst habe, dass dieser in Deutschland war. Andernfalls wären Raub und Mord ihm selbst angelastet worden.

Da die Aussagen unter Folter gemacht worden waren, blieben Widersprüche natürlich nicht aus. Laut seiner Aussage hatte H. K. von einem Freund, der als Buchhalter in einer Fabrik arbeitete, für den Raub benötigte Lagepläne angefordert und diese Pläne anschließend angeblich mir übergeben. Und ich hätte diese Pläne angeblich genommen, in einen Aktenkoffer gelegt und mich, gemeinsam mit zwei bis heute unidentifizierten Personen, aufgemacht, um ein Devisenbüro in Istanbul-Tahtakale zu überfallen. Beim Überfall sei es zu einer Auseinandersetzung gekommen, und wir hätten den Aktenkoffer mit dem Geld am Tatort liegen lassen und seien getürmt. Die Lagepläne seien in der Tasche gefunden worden. Um diesen Unsinn logisch erscheinen zu lassen, kolportierte die Staatsanwaltschaft, dass die Täter Serienräuber gewesen sein mussten. Die Pläne der Tatorte hätten sie wohl bei sich gehabt, um Zeit zu sparen.

Das mochte man noch schlucken, aber wie sollten die Pläne,

die ich von H. K. bekommen haben sollte, den ich 1990 kennenlernte, dann in die Tasche gelangt sein, die bereits 1989 am Tatort gefunden wurde? Und wo befand sich dieses wichtige Beweismittel des Staatsanwalts, der lebenslange Haft mit verschärftem Vollzug forderte, im Jahre 2010? Die Staatsanwaltschaft sagte: Wenn, dann haben es die von der Terrorbekämpfung. Von dort kam die Antwort: Es könnte möglicherweise bei denen von der Öffentlichen Sicherheit sein. Die von der Öffentlichen Sicherheit sagten: Wir haben es euch 1989 übergeben. Und so war klar, dass die Aktentasche in den Kellern des Staates verschwunden war. Für die Staatsanwaltschaft waren das unwichtige Nebensächlichkeiten, die Hauptsache war, dass Doğan K. Führer einer Organisation war, die kein Manifest, kein Programm, kein einziges Mitglied hatte.

Ich erfuhr erst später, dass ich Sennur Baybuğa nicht hatte sehen können, weil sie den Gerichtssaal verlassen musste, um der Beisetzung ihres Vaters beiwohnen zu können. Hier ihr Bericht:

»Abends hatte ich mich auf die Verhandlung vorbereitet, am Tag davor haben wir drei Anwälte gemeinsam gearbeitet. Wir sind angespannt, eine Menge Menschen sind von überall aus dem In- und Ausland gekommen und wollen Freiheit für Doğan. Ich bin aufgeregt, wenn wir bloß keinen Fehler machen, wenn bloß alles wunschgemäß verläuft und Doğan freikommt. Ich muss irgendwann eingeschlafen sein.

Es ist sechs Uhr morgens, in zehn Minuten muss ich aus dem Haus, da ruft mein Bruder an, auch er heißt Doğan. Ich gehe dran und frage ihn: ›Ist Papa gestorben?‹

›Ja‹, antwortet er. Sie haben mich nicht früher angerufen, weil ich nachts nicht hätte rüberfahren können, sondern bis zum Morgen gewartet.

›Ich kann nicht kommen, ich muss zu Doğans Verhandlung, sein Vater ist doch auch gestorben‹, sage ich.

Ich gehe auf die Fähre, ich lache hysterisch, ich begreife nicht, was mit mir los ist. Ich gehe in die Kanzlei, es ist noch viel Zeit bis zur Verhandlung. Ich bin entschlossen, auch er hat den Vater verloren, sage ich mir. Zwei Kollegen kommen, ›Bitte holt mir Bier‹, sage ich. Ich trinke ein Bier, versuche meine Attacke unter Kontrolle zu bekommen. Ich fahre nach Beşiktaş, viele Menschen stehen da herum. Ich erinnere mich nur bruchstückhaft daran, was geschieht. Wir sind im Saal, meine Handys klingeln: Der Wagen mit den Trauergästen ist dabei, Istanbul zu verlassen, ich soll zusehen, dass ich ihn erreiche.

Doğan schweigt während der Verhandlung, seine diesbezügliche Erklärung verliest ein Kollege. Die Zeugen, die Söhne des ermordeten Geldwechslers, und deren Anwalt sprechen. ›Das ist nicht der Mann, der unseren Vater ermordet und das Geschäft ausgeraubt hat‹, sagen sie bei der Vernehmung, ›wir sind sicher. Aber damals wurde nicht einmal eine Identifizierung oder Gegenüberstellung für nötig erachtet.‹ Der Staatsanwalt nimmt sie in die Mangel, als wären sie Angeklagte und nicht Opfer. Zu uns sind sie höflich, die Zeugen aber nehmen sie in die Mangel. Das Gericht beschließt, eine Pause einzulegen. Ich verlasse eilig das Gebäude, um rechtzeitig zur Beisetzung meines Vaters zu kommen.

Abends ruft mich Ilias Uyar an, Doğan wurde freigelassen, sagt er. Während die Trauergäste in dem Kleinbus weinen, jubele ich laut: ›Doğan wurde freigelassen, auch er hat seinen Vater verloren, er wurde gerade freigelassen!‹«

Die Agenturen hatten längst meine Freilassung bekannt gegeben, aber der Letzte, der davon erfuhr, war ich. Ich wurde vom

Gerichtssaal in den Warteraum geführt. Ein paar Minuten später hieß es: »Wir fahren!«

»Werde ich nicht freigelassen?«, fragte ich.

»Nein«, sagte der Soldat, »mir wurde nur gesagt, dass Ihre Verhandlung auf den 9. März vertagt wurde.«

Die Handschellen wurden mir erneut angelegt. Als ich zum Transporter geführt wurde, erreichte mich die Stimme von Berivan Aymaz, der heutigen Landtagsabgeordneten der Grünen in NRW: »Doğan«, rief sie, »9. März, 9. März! Ayşe, Ayşe!«

Mach dir keinen Kopf, wollte sie wohl sagen, du bist zwar nicht freigelassen, aber dein zweiter Verhandlungstag wird an Ayşes Geburtstag sein. Typisch Berivan! So einfallsreich, selbst in den schlimmsten Momenten etwas Tröstliches zu finden.

Auf der Rückfahrt nach Tekirdağ wurde ich diesmal mit dem jungen Kurden in eine Transportzelle gesteckt. Seine Freude war getrübt, weil ich nicht freigelassen wurde. Ich würde mich nicht aus diesem Ring des Hasses befreien können, von dem ich umzingelt war, das stand fest. Ich hatte Angst, dass meine Schuldgefühle gegenüber meiner Tochter Ceren, mit der ich während der Verhandlung Blicke gewechselt hatte, mir die Herzgefäße bersten lassen, denn ich hatte mein Wort nicht halten können. Ich hatte erfahren, dass mein Sohn Can sich seit meiner Festnahme völlig zurückgezogen hatte und niemanden sehen wollte. Ich brauchte einen Gegner, mit dem ich es aufnehmen konnte. Wieder in der Zelle, würde ich das Rauchen aufgeben.

Im Dunkeln erreichten wir die Haftanstalt Tekirdağ. Wir wurden hineingeführt. Ich kannte mich ja mittlerweile aus, also machte ich mich auf den Weg zu meiner Zelle, als der Wärter mich stoppte. »Wo soll's denn hingehen?«, fragte er.

»Wo kann ich denn schon hin?«, antwortete ich gereizt.

»Sie wurden freigelassen«, sagte der Wärter.

»Mir ist nicht nach Späßen zumute«, sagte ich.

Der Wärter wurde nun unsicher. »Warten Sie, warten Sie, ich frage den Herrn Direktor noch einmal«, sagte er, ließ mich allein im Korridor stehen und machte sich auf den Weg zu den Büros. Außer Atem kehrte er zurück. »Kommen Sie mit«, sagte er, »der Direktor möchte Sie sehen.«

Der Direktor teilte mir mit, meine Freilassung sei ihm telefonisch und per Fax mitgeteilt worden, meine Zelle sei längst ausgeräumt. Er drückte mir zwei große Müllsäcke in die Hand.

»Das heißt also, dass ich frei bin?«, fragte ich.

»Ja«, sagte der Direktor.

»Darf ich rauchen?«

»Selbstverständlich.«

Während ich rauchte, sagte der Direktor: »Ich hätte Sie gern bis zum Außentor begleitet, aber Presse und Fernsehen sind längst da. Es wäre nicht gut, wenn man uns gemeinsam sähe.«

»Könnte ich meine Sachen später abholen?«, fragte ich.

»Warum nicht?«, antwortete er.

Der junge Kurde von nebenan und ich liefen noch etwa fünf Minuten im Dunkeln, um ans Außentor zu gelangen. Er hatte eine Menge Sachen dabei. Seinen Fernseher und einen seiner Müllsäcke trug ich. Der Müllsack war kein Problem, aber mit einem tragbaren Fernsehgerät vor die TV-Kameras zu treten war meiner intellektuellen Reputation nicht gerade förderlich.

Nach kurzen Erklärungen gegenüber der Presse und nach den fälligen Umarmungen meiner wartenden Abholer machte ich mich mit meinem Anwalt Haydar Erol, mit Berivan Aymaz und Ümit Evbaş, der die ganze Zeit Erol wie ein Detektiv zu Diensten gewesen war, auf den Weg zu meinen Freunden, die im Ausgehviertel Beyoğlu auf der İstiklal Caddesi in einer griechischen Taverne auf uns warteten.

Ümit Evbaş war der Sohn von Ferit Amca, unserem Nachbarn im Dorf, der mir als Kind mein erstes Möbelstück geschenkt hatte. Ümit hatte ich seit seiner Kindheit nicht gesehen. Als Kind lief er ständig nackig herum und fluchte wie ein Droschkenkutscher. Nun war er Geschäftsmann.

»Ümit«, fragte ich, »hast du inzwischen mit dem Fluchen aufgehört?«

»Nein, verdammte Scheiße«, sagte er, »die verfickte Flucherei kann ich einfach nicht lassen!«

In der griechischen Taverne in Beyoğlu, die heute nicht mehr existiert, haben wir bis zum frühen Morgen gefeiert. Ich war in einer gänzlich anderen Welt, jenseits dieser unglaublichen Freude, dieser ausgelassenen Feier, die eine einzige riesige Umarmung war. Ich habe, ohne einen Bissen zu essen, ohne viel zu sprechen, getrunken, bis der Morgen dämmerte. Als mein Neffe Cem mich und meine Tochter gegen Morgen zu sich nach Hause brachte, war ich immer noch nicht betrunken. Als wir über die Haliç-Brücke fuhren, fragte ich Cem, ob er Whisky zu Hause habe.

13. Kapitel

Zweite Rettung

Außer Gonzalo Boye wurde niemand in den Gerichtssaal gelassen. Es war ein winziger, schmaler Raum mit Sitzplätzen für allenfalls zehn Zuschauer. Als ich von der Zelle abgeholt wurde, hatte man mir Handschellen angelegt. Im Aufzug fuhren wir einige Stockwerke hoch, vor dem Saal nahm man mir die Handschellen ab. Die Mitglieder des Gerichts saßen bereits auf ihren Plätzen. Perihan Zeran, Ilias Uyar und den Vertretern der Deutschen Botschaft wurde der Zutritt nicht gestattet.

Der Richter verlas die Zusammenfassung der Anklageschrift des Istanbuler Staatsanwalts aus dem Jahre 2010. Es bedurfte keiner Übersetzung. Der Name *Doğan K.* war nach wie vor in Gebrauch. Ich wurde nach meiner Stellungnahme gefragt.

Erschöpft und verdrossen erläuterte ich in völlig entbehrlichen, tristen Worten, dass ich freigesprochen worden sei und dass der Vorsitzende und weitere Mitglieder des 9. Senats des Kassationshofs, die mir meinen Freispruch genommen hatten, inzwischen sämtlich wegen desselben Artikels 146/1 des türkischen Strafgesetzbuches, Stichwort »Umsturz«, wie ich verhaftet wurden beziehungsweise gesucht werden. Das allein zeige, dass es in einem solchen Land keine unabhängige Justiz geben könne.

Die Staatsanwältin meldete sich zu Wort. Sie sprach nicht lange. »Haben Sie«, fragte sie, »eine ständige Adresse in Spanien?«

Ich begriff die Gewichtigkeit der Frage nicht. Die einzige Adresse in Spanien, die ich als Aufenthaltsort angeben konnte, war das Hotel in Granada. Laut Buchung konnten wir dort noch drei Tage bleiben. Ich sagte es ihr.

»Haben Sie eine ständige Adresse in Madrid?«, fragte die Staatsanwältin.

Gonzalo Boye griff mit all seiner körperlichen und geistigen Präsenz ein und donnerte: »Ja, hat er!«

Die Staatsanwältin verkündete, dass die auf Geheiß der Türkei festgenommene Person einen ständigen Wohnsitz in Madrid habe und daher kein Haftbefehl erlassen werden müsse.

Rechtsanwalt Gonzalo Boye brachte zum Ausdruck, dass der Antrag der Staatsanwaltschaft außerordentlich vernünftig sei.

Von nun an hatte der Richter, der auf mich einen etwas konservativen Eindruck machte und dem der Dreitagebart sehr gut stand, nicht mehr viel zu tun.

Mit der Auflage, jeden Montag vor Gericht zu erscheinen, eine Unterschrift zu leisten und Spanien nicht zu verlassen, wurde ich freigelassen. Gonzalo Boye und ich lächelten, die Frau, die sich wegen des Kokain-Wirrwarrs tausendmal bei mir entschuldigt hatte, lächelte.

Ich wurde aus dem Saal geführt. Ich war zwar frei, aber das schützte mich nicht davor, erneut in Handschellen gelegt zu werden. *Ihr seid ja schlimmer als die Türken*, hätte ich gern angemerkt, aber dann wäre ich Gefahr gelaufen, von meinen linken Freunden in Köln des Rassismus bezichtigt zu werden, wenn sie davon erfahren hätten. Also schwieg ich.

Die Formalitäten wurden erledigt. Flankiert von zwei Polizisten, trat ich hinaus aus der Tiefgarage, in die wir mit dem Fahrzeug gefahren waren. Ich musste mich nicht umsehen, um die Wartenden zu entdecken. Perihan Zeran war irritierend schön, Gonzalo Boye war charismatisch, und Ilias Uyar stand da als ein großartiger Freund.

III. Rückkehr

14. Kapitel

Deutschland als transnationaler Gedächtnisraum

Wenn ich nicht nach Deutschland eingewandert wäre, hätte ich mir wahrscheinlich niemals die Verbindung zwischen eigener Vergangenheit, eigenen Erinnerungen und der Vergangenheit, den Erinnerungen der Kurden, Armenier, Aleviten, Juden und Griechen ins Bewusstsein rücken können. Die Verbindungen und die Unterschiede. Ich hätte weiterhin dem Mythos der Gründung der Türkischen Republik Glauben geschenkt und hätte gezögert, das Massaker, das sich als *Dersim 1938* in das kurdische Gedächtnis eingebrannt hat, als Völkermord zu bezeichnen. Es wäre mir schwergefallen, die Kurden zu verstehen, die sich trotz der maßlosen, unbarmherzig geführten Assimilationspolitik immer weiter radikalisierten und dem Versuch, sie zu türkisieren, Widerstand entgegensetzten.

Als ich nach Deutschland kam, hatte ich nicht ein einziges Buch über den Genozid von 1915 gelesen, das nicht auf Lügen basierte. Aber ich wusste aus eigener Erfahrung, dass die türkische Gesellschaft das *Gedächtnis* verloren hatte, dass sie sich das *Erinnern verboten* hatte. Die Zeit nach dem Militärputsch von 1980 lag nicht so lange zurück, aber es wurde sehenden Auges geleugnet, dass damals fünfhunderttausend Menschen festgenommen wurden, fast ausnahmslos Gewalt und Folter ausgesetzt und Tausende von ihnen getötet worden waren. Denn die Türkei hatte schließlich internationale Verträge unterzeichnet, die Folter untersagten. Und Folter war gesetzlich verboten.

Also gab es keine Folter! Aber wir hatten sie überlebt, und auch wenn wir das Erlebte in den entlegensten Ecken des Unterbewusstseins vergraben und verdrängt hatten, wurden wir doch immer wieder von den eigenen Erinnerungen heimgesucht.

Das Land, in das ich einwanderte, und mein Geburtsland, Deutschland und die Türkei, hatten seit Jahrhunderten freundschaftliche Beziehungen unterhalten. Während Generalfeldmarschall Helmuth Karl Bernhard von Moltke in den Jahren 1836 bis 1839 für die Modernisierung der Osmanischen Armee sorgte, hatte er auch eine bedeutende Rolle bei der Niederschlagung der kurdischen Aufstände gespielt. Während Armenier, Assyrer, Aramäer, Chaldäer und Jesiden niedergemetzelt wurden, hatte Deutschland geschwiegen.

Während 1938 in Deutschland Synagogen und jüdische Geschäfte brannten, wurden in Dersim Kurden umgebracht, verwaiste oder ihren Familien entrissene Kinder, insbesondere Mädchen, wurden hochrangigen Militärs zur Adoption übergeben, und Atatürk verschickte *türkische Missionare* in den *Osten.*

Die Vergangenheit beider Länder war voller Traumata. Doch trotz der jeweiligen historischen Schuld gab es grundsätzliche Unterschiede zwischen beiden Ländern. Während die Vergangenheitsbewältigung und die Erinnerungsarbeit in Bezug auf die eigene historische Schuld und Verantwortung das zweite, das schöne Gesicht Deutschlands waren, beharrte die Türkei nach wie vor darauf, einen der beiden bestuntersuchten, bestdokumentierten Völkermorde dieser Erde, den an den Armeniern, für den sie Verantwortung trug, zu leugnen, und weigerte sich beharrlich, sich diesem historischen Unrecht zu stellen. Gegen die Kurden wurde nach wie vor offiziell ein *Krieg geringer Intensität* geführt. Man entvölkerte Dörfer, man ließ Menschen verschwinden. Paramilitärische Mörderbanden tauchten auf, die in den kurdischen Siedlungsgebieten ihr Unwesen trieben und Menschen auf offener Straße mit Fleischermessern niederstachen. Immer mehr Leichname wurden auf offenem Gelände gefunden. Dieser Staatsterror *mit hoher Intensität* führte dazu, dass sich immer mehr kurdische Jugendliche der PKK anschlossen. Die PKK trug den Guerillakrieg in die Städte. Von *Märtyrern* war allüberall die Rede. Bei Gewaltaktionen der Organisation Dev-Sol wurden in den Metropolen Dutzende von Polizeibeamten, Militärangehörigen, Staatsanwälten, Unternehmern und Zivilisten getötet. Je mehr *Märtyrer* es gab, desto enger wurden die Lebensräume.

Als wir in Deutschland angekommen waren, war die Berliner Mauer gefallen, gehörte die DDR der Vergangenheit an, und der Vernichtungsgeist der Vergangenheit hatte begonnen, sich wieder zu regen. In Mölln wurden Yeliz Arslan (10), Ayşe Yılmaz (14) und Bahide Arslan (51) bei einem Brandanschlag von Neonazis ermordet. Während in Rostock-Lichtenhagen ein Wohnheim für vietnamesische Arbeiter lichterloh brannte, teilten wir uns als Wohnraum ein Klassenzimmer der heutigen Volkshochschule in Bergisch Gladbach mit einer ebenfalls geflüchteten kurdischen Familie und hielten nachts rund um die Uhr Wache. Es gab auch eine massenhafte Widerstands- und Protestbewegung gegen die Angriffe auf Flüchtlinge und Migranten.

Unter den hunderttausend Menschen, die dem Aufruf Kölner Musiker *gegen Rassismus und Neonazis* gefolgt waren, war auch ich. Mit Peter Bachs Worten haben sich unsere Familien in dieser *Wärme der Solidarität* kennengelernt. Mit Margret Burger, Gisela Losse sowie Zeynep und Bülent Ayyüce, die sich in den Flüchtlingsheimen darum bemühten, das Leben für die

Kinder lebenswert zu machen, habe ich heute noch Kontakt. Sie waren die schönen Gesichter Deutschlands. Friederike und Stefan Berking, die ich zwanzig Jahre später, kurz vor meiner Reise nach Granada, in Brandenburg aufgespürt habe, unsere Mitbewohner in der Wohngemeinschaft, in die wir einzogen, waren die schönen Gesichter Deutschlands.

Friederike hatte ich nach dem Brandanschlag in Solingen 1993 auf der Straße getroffen und ihr von meinen Ängsten erzählt. »Vielleicht bin ich«, hatte ich gesagt, »ins falsche Land gekommen, vielleicht wäre es besser, unsere Siebensachen zu packen und wegzugehen.«

Ich erinnere mich, dass sie mich resolut am Arm gepackt hatte. »Wenn hier jemand wegmuss«, hatte sie gesagt, »dann sind es die brandschatzenden Mörder. Ihr bleibt, wo ihr seid!«

Es waren die Jahre, in denen ich in einem Strudel von Schweigen und Ideenlosigkeit strampelte. Es war Jahre her, dass ich mich von der Kommunistischen Partei, der ich 1980 beigetreten war, getrennt hatte. Es gab einen Denkrahmen, den mir die marxistische Ideologie zum Verständnis und zur Wahrnehmung der Welt bot. Das Buch *Three Who Made a Revolution: A Biographical History of Lenin, Trotsky and Stalin* von Bertram David Wolfe, das über mir unbekannte Wege ins Gefängnis Metris geschmuggelt worden war und das ich auf Empfehlung des Journalisten und Übersetzers Irfan Cüre gelesen hatte, den ich Jahre später in Hamburg wiedersehen sollte, hatte mich zum Nachdenken gebracht, aber auch verwirrt: Die Parteigeschichte der UdSSR, die wir in den Siebzigerjahren nicht aus der Hand legten, war eine von Stalin in Auftrag gegebene und von Anfang bis Ende mit Lügen gespickte Geschichtsschreibung. Die Oktoberrevolution hatte bereits in ihrer Geburtsstunde begonnen, die eigenen Ideale mit Füßen zu treten. Stalins Zeit war das erste große Glied einer Kette der im Namen des Kommunismus begangenen Massenvernichtungen, einer Kette von Gewalt, die bis zu den Roten Khmer in Kambodscha reichte.

Im Dezember 1995 besuchte ich in der Alten Feuerwache in Köln eine Veranstaltung zum Thema Folter. Die Hälfte der Zuhörer waren türkeistämmige Exilanten mit Foltererfahrung. Gedolmetscht wurde die Veranstaltung von Önder Erdem, dem Übersetzer meines Buches *Tage ohne Vater,* der damals in Aachen studierte. Die Podiumsgäste, Mitarbeiter des von der Menschenrechtsstiftung in Ankara gegründeten Therapiezentrums für Folteropfer, waren kompetente Fachleute. Aus ihren Beiträgen erfuhr ich, dass Foltererfahrung nicht nur eine politische, sondern auch eine persönliche Ebene aufwies. Ich kann nicht sagen, dass ich mich anschließend besonders gut fühlte. Die Redner behaupteten, dass eine seelische Überwindung der Folter nicht möglich sei, dass es nur gelingen könne zu lernen, mit dem Erlebten zu leben. Das hieß also, schlussfolgerte ich, dass mich das erlebte Unrecht ein Leben lang begleiten würde und nicht wiedergutzumachen war. Ich bin Menschen mit Foltererfahrung begegnet, die heute Konzerne leiten. Ich habe auch Geschichten von Menschen gelesen, die engste Freunde und Mitstreiter, für die sie früher in den Tod gegangen wären, eigenhändig gefoltert und getötet haben. Begegnet bin ich ihnen nicht.

Noch war mein Horizont beschränkt. Noch wusste ich nicht, wie ich mit diesem Knäuel an Gewalterfahrung fertigwerden konnte. Ich beschloss, zu schreiben und beim Schreiben darüber nachzudenken. Ich war noch nicht bereit, das Geschehene eins zu eins wiederzugeben. Die Romanform schien mir ein probates Mittel für meine Zwecke zu sein. Der Kolumbianer *Gabo,* Gabriel García Márquez, eilte mir zu Hilfe. Zum Schreiben brauche man möglicherweise Talent, hatte er einmal in einem Interview gesagt, aber bestimmend sei die Willenskraft, am Schreibtisch auszuharren. Am Schreibtisch ausharren, das konnte ich. Monate später erfüllte mich eine sonderbare Ahnung, dass ich hinter das Geheimnis der Romankunst gekommen war, und ich begann, wirklich zu schreiben.

Früher scheuten sich türkeistämmige Intellektuelle, auch die, die sich für eine Geschichtsaufarbeitung der Türkei einsetzten, davor, den Begriff *Genozid* beziehungsweise *Völkermord* zu verwenden. Vor der Ermordung Hrant Dinks. Die Tatsache, dass die Vertreibung der Armenier vor der Unterzeichnung der Völkermordkonvention im Jahre 1948 stattgefunden hatte, wurde zwar als Hauptargument dafür verwendet, aber nicht ein einziger türkischer Historiker, ein einziger türkischer Jurist, nicht ein einziger der Politiker, die immer über alles Bescheid wussten, kam auch nur im Entferntesten auf die Idee, den Holocaust mit derselben Begründung ebenfalls nicht als Völkermord zu bezeichnen. Das war ja schließlich ein deutsches Verbrechen.

Dabei war der Begriff *Völkermord* in der Folge der Vernichtung der Armenier geprägt und erstmals 1944 vom polnischen Juristen Raphael Lemkin verwendet (und von ihm selbst mit *genocide* ins Englische übersetzt) worden. Die Prozesse im Jahre 1919 vor einem Istanbuler Militärgericht als Sondertribunal, bei denen der Begriff *Verbrechen gegen die Menschlichkeit* verwendet wurde, hatten Lemkins Interesse bereits Anfang der Zwanzigerjahre geweckt. Die in Istanbul angeklagten Minister wurden für schuldig befunden, die Türkei in den Ersten Weltkrieg getrieben und Massaker an den Armeniern verübt zu haben. Der ehemalige Kriegsminister Enver Paşa, der ehemalige Innenminister und Großwesir Talat Paşa, der einstige Marineminister Cemal Paşa sowie Mehmed Nâzım Bey, genannt *Doktor Na-*

zım, wurden in Abwesenheit zum Tode verurteilt. Bahaaddin Şakir wurde im Harput-Prozess zum Tode verurteilt. Die anderen Mitglieder des Ministerrates (das waren diejenigen, die 1920 von den Briten nach Malta gebracht wurden) wurden zu je 15 Jahren Zwangsarbeit verurteilt. Von den 17 ausgesprochenen Todesurteilen wurden drei vollstreckt: Urfalı Nusret (in Urfa ist eine Grundschule nach ihm benannt), Kaymakam Kemal (in Boğazlıyan wurde ein Denkmal für ihn errichtet) und Hafiz Abdullah Avni, Gendarmeriekommandant von Erzincan.

Die wahren Täter des Völkermordes (unter ihnen Talat, Enver und Cemal Paşa) flohen mithilfe der Deutschen nach Berlin. In dem Jahr, in dem ein junger Mann namens Raphael Lemkin mit dem Jurastudium begann, wurde der Hauptverantwortliche der Armenier-Deportationen, Unterzeichner der Deportationsbefehle, Innenminister und Großwesir Talat Paşa, am 15. März 1921 in der Hardenbergstraße in Berlin von Soghomon Tehlirian erschossen.

Lemkins späterer Kommentar zu diesem Ereignis war: »Der Talat-Paşa-Prozess von 1921 war sehr lehrreich. Ein Mann, dessen Mutter beim Völkermord getötet wurde, Soghomon Tehlirian, tötet Talat Paşa. Sehen Sie, als Rechtsanwalt habe ich gedacht, dass ein Vergehen nicht durch das Opfer, sondern durch ein Gericht, durch nationale Justiz, bestraft werden müsste.« Den Einfluss des Völkermordes an den Armeniern auf die Formulierung der Völkermordkonvention beschreibt Lemkin folgendermaßen: »Das Leid der armenischen Männer, Frauen und Kinder, die in den Euphrat geworfen oder auf dem Weg nach Deir ez-Zor massakriert wurden, war der Wegbereiter zur Annahme der ›Konvention über die Verhütung und Bestrafung des Völkermordes‹.«

Raphael Lemkin verlor, mit Ausnahme seines Bruders und

seiner Schwägerin, alle Angehörigen im Holocaust. Er starb 1959, völlig verarmt, in New York. Auf seinem Grabstein steht: *Father of the Genocide Convention.*

In der 256 Seiten umfassenden Urteilsschrift der Nürnberger Prozesse, bei denen die Hauptkriegsverbrecher des Naziregimes vor Gericht gestellt wurden, sind der Vernichtung der europäischen Juden lediglich drei Seiten gewidmet. Das heißt, die Nürnberger Prozesse spielten bei der Geschichtsaufarbeitung Deutschlands keine nennenswerte Rolle. Der Begriff *Völkermord* wird in der Anklageschrift dieses Prozesses erstmals verwendet. Es ist das erste offizielle Dokument über »den ersten Genozid des Jahrhunderts, bei dem 1,4 Millionen christliche Armenier auf Befehl der türkischen Regierung getötet wurden« (Boris Barth: Genozid / Völkermord im 20. Jahrhundert).

In den Sechzigerjahren wurde die Aufarbeitung der Vergangenheit vorangetrieben. Die These des Philosophen Walter Benjamin, der sich aus Angst vor der Auslieferung an die Nazis das Leben nahm, dass man nicht nur das Heute und das Morgen, sondern auch das Gestern verändern könne, wurde immer mehr bestätigt. Die Deutschen lernten Scham, lernten, dass man die Vergangenheit verändern kann. Doch war die Auschwitz-Scham so groß und so tief greifend, dass Willy Brandts Kniefall am Ehrenmal für die Toten des Warschauer Gettos 1970 nicht ausreichte. Man begnügte sich nicht mit Bitten um Vergebung, mit Demut oder Abscheu gegenüber Neonazis. Man begnügte sich nicht damit, rassistische Begriffe, Redewendungen und Ausdrücke bewusst zu vermeiden. Die Konzentrations- und Vernichtungslager Buchenwald, Dachau, Ravensbrück, Sachsenhausen, Neuengamme sowie ehemalige Gestapozentralen wurden in Gedenkstätten und Museen umgewandelt. Auf Bürgersteigen wurden zum Gedenken Tausende *Stolpersteine* verlegt. Zum Schutz der Opfer und Überlebenden vor Beleidigungen wurden gesetzliche Maßnahmen ergriffen.

Trotz der unverzeihlichen Schwächen der Sicherheitsbehörden, die die NSU-Morde sowie ähnliche Übergriffe und Anschläge nicht verhindern konnten, hat die heutige Erinnerungskultur Deutschlands nicht nur für das Land selbst, sondern auch auf internationaler Ebene große Bedeutung. Die NSU-Morde sind gleichzeitig auch eine bittere Warnung, nicht zu vergessen, dass Erinnerungskultur nicht statisch ist, sondern ein Prozess, in dessen Verlauf jede Generation ihre Art, ihre Mittel der Geschichtsaufarbeitung immer wieder überdenken und weiterentwickeln muss.

Die Geschichtsaufarbeitung der Türkei ist eine andere. Eine Erfahrung der Leugnung, die eine wissenschaftliche Untersuchung wert wäre. Der Hass, mit dem in der Türkei nichttürkischen, nichtmuslimischen Mitbürgern begegnet wird, erinnert an die Worte des israelischen Psychoanalytikers Zvi Rix: *Auschwitz werden uns die Deutschen niemals verzeihen!* Denn die Juden waren lebende Beweise des Geschehenen, die die Deutschen ständig an ihre Schuld erinnerten. Mit hoher Sensibilität wurde Verantwortung übernommen, wurden wichtige Maßnahmen ergriffen, Mittel und Wege zur Wiedergutmachung zu finden und auf Opfer und Überlebende des Holocausts zuzugehen.

Währenddessen beharren diejenigen, die die türkische Identität überbewerten, seit hundert Jahren darauf, den Armeniern das Konzentrationslager *Deir ez-Zor,* das 1915/16 in der syrischen Wüste eingerichtet war, niemals zu verzeihen. Diese Herzensblindheit, vermengt mit dem Schlamm aus Leugnung und Lügen, produziert Mörder. Weil die größte Schuld unserer modernen Geschichte nicht aufgearbeitet wurde, weil kein Weg gefunden wurde, mit der Schuld umzugehen, bleiben nicht nur der Staat mit seinen Institutionen, sondern auch die Gesellschaft zu Gewalt und Mord verdammt.

Als Ayşe im Jahre 1996 von einer Studienreise nach Auschwitz zurückkehrte, sprach sie tagelang von Mohnblumen. Unter den aus den entlegensten Ecken Europas deportierten und vernichteten Juden, Polen, Roma und Sinti war der Glaube verbreitet, dass die Gefangenen der Roten Armee, die dort umkamen, sich in Blumen verwandelten. »Wir haben«, fuhr Ayşe fort, »das, was wir selbst erlebt haben, viel zu wichtig genommen!«

Wenn ich nicht Zeuge dessen gewesen wäre, was ihr zugestoßen ist, hätten mich diese Worte nicht derart erschüttert. Ich wusste, dass man persönliches Leid nicht vergleichen kann, aber dennoch dachte ich, wenn eine Frau, die einen Monat lang gefoltert wurde, das eigene Leid gering achtet, dann musste dieser Ort Auschwitz auch für mich eine Bedeutung haben. Ausgehend von der Metapher der Mohnblumen, begann für mich eine immer noch andauernde reale und fiktive Reise in die deutsche Vergangenheit. In *Der letzte Traum der Madonna* erzählte ich von meiner Reise, die in meinem Geburtsdorf endete. Ich besuchte alle Konzentrations- und Vernichtungslager, die heute Gedenkstätten sind. Es war ein weiter Weg. Ich sah mir alle Karten an, die es zu den Transportzügen und den Todesmärschen gab. Ein Beispiel dafür gibt Jorge Semprún in seinem autobiografischen Roman *Die große Reise*.

Ich fuhr nach Warschau. Ich sah mich im ehemaligen Warschauer Getto um. Auf der Hauptstraße des Bezirks befindet sich heute das Ehrenmal für die Toten des Warschauer Gettos, vor dem Willy Brandt auf die Knie gefallen ist. Als am

19. April 1943 der Widerstand begann, waren 90 Prozent der Getto-Bewohner längst im Lager Treblinka vernichtet. Der Widerstand wurde am 16. Mai von den Nazis niedergeschlagen. Unter den 40 Personen, denen die Flucht durch die Kanalisation gelang, war auch der Historiker Emanuel Ringelblum, der das Untergrundarchiv *Oneg Schabbat* gründete. Am 7. März 1944 wurde er in dem Versteck, in dem er mit seiner Familie und insgesamt 38 anderen untergetaucht war, gefunden und kurz darauf erschossen. Das Archiv, das das Leben im Getto umfassend dokumentierte, bestand aus 30 000 Materialien aller Art auf Polnisch, Deutsch, Hebräisch und Jiddisch. Tagebücher, Theater- und Konzertkarten, Verpackungspapier der im Getto hergestellten Kaugummis, Plakate, Handzettel, Befehle und Instruktionen der Deutschen, Aktionen der Widerstandsgruppen, heimlich verteilte Flugblätter, etwa 40 Zeitungsausschnitte und viele Fotos. Die erste der Milchkannen, in denen das Archiv versteckt war, wurde 1946 in den Trümmern Warschaus gefunden, die andere 1950 dank eines Zufalls. Der Literaturkritiker Marcel Reich-Ranicki, der das Getto überlebte, schrieb Jahre später, dass die Widerständler im Getto sich den vierzigtägigen Widerstand der Armenier in Franz Werfels *Die vierzig Tage des Musa Dagh* (erschienen 1933) zum Vorbild genommen hätten.

Ich begnügte mich nicht damit, Bücher über den Holocaust zu lesen. Ich kam kaum noch aus der Judaica-Abteilung der Kölner Stadtbibliothek heraus. Ich las Erinnerungen von Überlebenden, sah dokumentarische und fiktive Filme. Und zur Jahrtausendwende besuchte ich schließlich jenen Ort, der, so empfand ich es, nicht zu dieser Welt gehören sollte: Auschwitz.

Ein Psychologe wertete meine Beschäftigung mit dem Völkermord an den Armeniern, meine Solidarität mit den Kurden als Folge der Wut gegenüber der Türkei, meine Beschäftigung mit dem Holocaust hingegen als eine Ersatzhandlung für die Beschäftigung mit mir selbst. Mag sein, dass er recht hatte. Aber unabhängig von mir wurde Hrant Dink vor unseren Augen erschossen, wurde der Mörder als Held gefeiert, ließen sich Polizisten mit ihm neben der türkischen Flagge fotografieren, feierten sie den Mord mit dem Absingen der Nationalhymne. In Malatya wurden Mitarbeiter einer Bibeldruckerei abgeschlachtet, in Trabzon wurde ein italienischer Mönch ermordet. Selbst nach dem Tod von 50 000 Menschen wurden den Kurden die grundlegendsten Rechte vorenthalten. Die Wüste von *Deir ez-Zor* hörte nach einem Jahrhundert nicht auf, Menschen, nun auch andere Ethnien, zu schlucken.

Es war politisch und moralisch nicht hinnehmbar, dass Deutschland, trotz der Erfahrung der Geschichtsaufarbeitung, die Anerkennung des Völkermordes an den Armeniern bis ins Jahr 2016 hinausgezögert hat. In diesem Geist wurde Cem Özdemir als junger Bundestagsabgeordneter für seine Aussage, Deutschland trage Verantwortung sowohl am Holocaust als auch am Völkermord an den Armeniern, heftigen Angriffen und Drohungen ausgesetzt. Die türkische Presse prangerte ihn an als »eine Schlange, deren Kopf man zertreten müsse«.

1999 war der Auftakt unserer Veranstaltungsreihe *Genozid und Gedenken* in Köln. Wir waren einige wenige Türkisch- und Kurdischstämmige, die bereit waren, über den Völkermord an den Armeniern zu diskutieren. Hülya Engin, die Übersetzerin dieses Buches, Berivan Aymaz, Mehmet Şahin, Hüseyin Erdem, Osman Okkan. Und ein paar andere, aber viele waren wir nicht. Eine Handvoll.

Das Interesse an den Veranstaltungen übertraf unsere Erwartungen bei Weitem. Anhänger der MHP (Milliyetçi Hareket

Partisi, Partei der Nationalistischen Bewegung), Kemalisten, Perinçek-Anhänger (eine extrem armenierfeindliche, kurdenfeindliche, antisemitische Gruppe, von Verschwörungstheorien besessen, frühere Befürworter der Putschisten, anschließend der PKK, heutzutage auf Erdoğans Seite, die sich rühmen, Atatürks Soldaten zu sein) taten alles Erdenkliche, um unsere Veranstaltungsreihe zu verhindern. Ihre Provokationen fruchteten nicht. Die sanfte Unnachgiebigkeit der zweisprachigen Hülya Engin, die die großen Veranstaltungen moderierte, hatte eine abschreckende Wirkung auf die auf Krawall gebürsteten Besucher, sodass sie sich ab 2002 nicht mehr auf den Veranstaltungen blicken ließen. Bei dem Vortrag des berühmten Journalisten und Autors Hasan Cemal tauchten sie wieder aus der Versenkung auf, konnten aber nichts bewirken. Hasan Cemal, Enkel eines der Täter des Völkermordes, hatte das Buch *Völkermord an den Armeniern* geschrieben und darüber 2013 an der Kölner Universität vor tausend Zuhörern gesprochen.

Diese ewiggestrigen Leugner gründeten eine *Talat-Paşa-Bewegung* und veranstalteten im März 2006 in Berlin einen gleichnamigen Marsch. Sie zogen durch die Hardenbergstraße in Berlin, in der Talat Paşa, einer der Hauptverantwortlichen des Völkermordes 1921, erschossen worden war. Auch wenn sie mit »Wir werden Berlin niederbrennen«-Rufen versuchten, viele Menschen zum Mitmarschieren zu bewegen, merkten sie reichlich spät, dass Worte wie *niederbrennen* und *vernichten* in Deutschland, gelinde gesagt, mit Befremden aufgenommen werden. Ihre Kranzniederlegung für Talat Paşa unternahmen sie nicht an dem Ort seiner Ermordung, sondern auf dem Steinplatz gegenüber der Musikhochschule. Dies war der zweite große Fehler der Talat-Paşa-Bewegung. Denn am Platz ihrer Kranzniederlegung befand sich das erste in Deutschland errichtete Mahnmal für die Opfer des Nationalsozialismus. Und die Aktion wurde verständlicherweise als Affront gegen das Mahnmal wahrgenommen.

Der Veranstaltungsreihe *Genozid und Gedenken* folgten die Führungen durch das heutige NS-Dokumentationszentrum, das frühere Gestapozentrum, in Köln. Dank dieser Führungen lernte ich bei einem Wochenendseminar Ulla Kux kennen, die zur damaligen Zeit bei der Aktion Sühnezeichen Friedensdienste arbeitete. Ihr Leitsatz, nämlich, dass sich mit der Geschichte zu beschäftigen bedeute, sich mit der Geschichte von Beziehungen zu beschäftigen, bot mir die Möglichkeit, die Geschichten meiner beiden Länder gemeinsam zu untersuchen. Bis zu meiner Festnahme im Jahre 2010 haben Ulla Kux und ich zahlreiche Projekte durchgeführt.

Diesen Erfahrungsschatz habe ich ausgewertet und im Jahre 2013 in einer Rede vorgeschlagen, Deutschlands Aufarbeitung der eigenen Geschichte mit der Aufarbeitung der Geschichten der Armenier, der Herero und der deutschen Kolonialgeschichte zu vertiefen.

Den Holocaust in Verbindung mit dem Völkermord an den Armeniern zu betrachten bedeutete keine Relativierung der Shoah, sondern eine Erweiterung und Vertiefung der deutschen Aufarbeitung, die aber nicht mehr nur deutsch bleiben sollte. Denn die Gewaltgeschichte des 20. Jahrhunderts, des Jahrhunderts der Völkermorde, sollte Teil der *Holocaust Education* sein, und die Beschäftigung damit sollte aus dem nationalen Rahmen in einen transnationalen übertragen werden. Auschwitz verwandelte den Versuch, weiterhin Gedichte zu schreiben, zwar in Barbarei (Adorno), aber der einzige Weg, die Existenz von Auschwitz zu ertragen und sich zur Wehr zu setzen, besteht darin, trotz Auschwitz Gedichte zu schreiben.

15. Kapitel

Spanien
oder
Eine Liebesgeschichte, die in der Zelle ihren Anfang nahm

Der spanische Richter, der im August 2017 meine Freilassung anordnete, verkündete, dass mein Pass beschlagnahmt sei. Aber ich hatte ihn nicht mitgenommen. Innerhalb der EU braucht man ja keinen Reisepass. Theoretisch hätte ich, nach meiner Freilassung, auf dem Landweg nach Deutschland zurückkehren können. Möglicherweise wäre dies auch eine Lösung im Sinne Spaniens gewesen. Selbst als Ilias und Perihan gegangen waren und Körper und Seele sich gegen meine Einsamkeit aufbäumten, dachte ich nicht eine Sekunde daran, die Tatsache, dass ich meinen Personalausweis noch hatte, zu missbrauchen und mich auf den Weg zu machen. Drei große Staaten waren wegen mir aneinandergeraten. Es war, bitte schön, deren Sache, eine Lösung zu finden.

Bevor ich mich vor dem Gericht mit dem Trio Gonzalo – Ilias – Peri unterhalten konnte, kam eine große Gruppe von der Deutschen Botschaft, um mich abzuholen. Der Botschafter war im Urlaub, und die Aufgabe, Deutschland zu vertreten, hatte der Gesandte Werner Schaich übernommen. Zu Fuß machten wir uns auf den Weg zur nahen Botschaft. Endlich Kaffee trinken zu können weckte die Lebensfreude in mir wieder, die ich in den vergangenen vierundzwanzig Stunden eingebüßt hatte. Die Neuigkeit von meiner Haftentlassung hatte offensichtlich auch Deutschland erreicht. Mein Handy war noch ausgeschaltet. Die Handys des Trios Gonzalo – Ilias – Peri klingelten unaufhörlich. Ich weiß nicht, welchen Eindruck ich bei ihnen erweckt hatte, aber sie sorgten dafür, dass ich mit niemandem sprechen konnte außer mit meiner Tochter und meinem Sohn. Dann rief die Madrider Redaktion der *Tagesschau* an. Das Trio Gonzalo – Ilias – Peri fragte nach, wie ich mich fühle. *Behandelt mich nicht wie ein Kind*, wollte ich sagen, ließ es aber bleiben. Die *Tagesschau* hielt einem schließlich nicht alle naselang das Mikrofon hin. Wenn ich etwas zu sagen hatte, dann war es jetzt an der Zeit.

Mir ging es gut, mit dem Winter 2010 nicht zu vergleichen. Zugegebenermaßen hatte ich einen Schock erlitten. Zugegebenermaßen war es eine unerwartete Festnahme gewesen. Dass sich ein kompletter Ausschnitt meiner Vergangenheit in der Zelle in Granada breitgemacht und mich zu Kampf und Auseinandersetzung herausgefordert hatte, ohne die geringste Chance für mich auf einen Sieg, hatte mich geschwächt. Ich war so erschöpft wie ein zerlumpter, verwundet von der Front heimkehrender Soldat.

Als ich Tage später mit Peri telefonierte, die nach Deutschland zurückgekehrt war, bemerkte ich, dass die Zeitkrümmungen, die in Granada ihren Anfang genommen hatten, sich in Madrid fortsetzten. Ich vermute, dass mein Gedächtnis völlig desolat war. Es hätte auch abstürzen können. Ich erinnerte mich nicht daran, dass ich am Tag meiner Freilassung geschlafen hatte. Ich hatte ebenso vergessen, dass uns das Duo Gonzalo – Ilias am 21. August, an Peris Geburtstag, zum Essen eingeladen hatte. Ich erinnerte mich auch nicht daran, wie ich ihr das Geburtstagsgeschenk überreicht hatte. Wer weiß, was ich in jener Woche noch alles vergessen habe.

Ich erinnere mich allerdings, dass Ilias am 21. August nach Köln zurückflog. Ich erinnere mich auch, dass Peri und ich uns am 22. August auf den Weg nach Granada machten. Es war eine schöne Busfahrt, und während der Rast tranken wir Kaffee. Ich erinnere mich, dass der überaus zuvorkommenden und sympathischen jungen Frau an der Hotelrezeption anzusehen war, dass sie zuerst erschrak und dann erfreut war, als sie mich sah. Alle Angestellten des Hotels waren von der Polizei befragt worden. Die junge Frau äußerte ihre Freude darüber, dass alles einen so guten Ausgang genommen hatte und sie uns erneut willkommen heißen konnte. Ich war nicht erpicht darauf, das Zimmer zu betreten, in dem ich festgenommen worden war. Ich ließ mir Peri gegenüber nichts anmerken. Und sie ließ sich mir gegenüber nichts anmerken, dass es ihr genauso ging. In den frühen Morgenstunden packten wir unsere Sachen zusammen und machten uns auf den Weg zum Busbahnhof. Peri flog über Malaga nach Berlin, und ich fuhr nach Madrid.

Dort wurde ich von Petra Köppel-Meyer vom Goethe-Institut empfangen, die, Türkisch eingeschlossen, sehr viele Sprachen beherrscht. In den vergangenen drei Tagen hatten, als bekannt wurde, dass ich keine Bleibe in Madrid habe, Dutzende Menschen über meine Internetseite meine E-Mail-Adresse ausfindig gemacht und mir ihre Türen geöffnet. Ein deutscher Professor war darunter, der sich zu der Zeit in Mexiko aufhielt. Eine Studentin aus Aachen, deren WG-Mitbewohner im Urlaub waren. Ein deutschsprachiges Angebot aus Südspanien, ein türkischsprachiges Angebot zweier türkeistämmiger Menschen aus Granada. Viele, viele Menschen aus Barcelona, Valencia, dem Baskenland, kurz aus allen Ecken Spaniens, waren bereit, einen türkeistämmigen Deutschen, der in einer Notsituation war, bei sich aufzunehmen.

Die erste Mail, die ich las, kam von Tom Kucharz, dem europaparlamentarischen Berater der Podemos-Partei, der über die NSU-Tribunal-Initiative in Deutschland Kontakt zu mir aufgenommen hatte. Er selbst sei nicht in Madrid, sein WG-Zimmer stehe frei und ich könne so lange mit seinen beiden Mitbewohnern dort leben, wie ich wolle. Weil es die erste Mail war, die ich las, nahm ich das Angebot dankend an.

Frau Köppel-Meyer, die mich am Busbahnhof abholte, hatte alle Vorbereitungen getroffen. Die Unterlagen für Stipendium und Aufenthalt hatte sie dabei. Wenn ich wolle, könne ich als Stipendiat auch im Goethe-Institut unterkommen. Im Gegenzug für das Stipendium hatte ich eine Arbeitsprobe zu liefern und eine Lesung abzuhalten. Die Verträge waren fertig. Ich musste nur noch unterschreiben. Das erste Stipendium meines Schriftstellerlebens. Bis Jahresende könne ich die Arbeitsprobe fertigstellen. Ich unterschrieb.

Nach zwei Tagen in Tom Kucharz' Zimmer zog ich in das Gästezimmer des Goethe-Instituts um. Innerhalb von zwei Tagen hatte ich so viele Interviews gegeben, dass ich keine Zeit gehabt hatte, mich mit mir selbst zu beschäftigen.

An meinem ersten Tag im Gästezimmer rief mich Sarkis Hatspanian an. Ilias Uyars Onkel Sarkis Hatspanian, französischer Staatsbürger, in Clinch mit der Türkei, in Eriwan ansässig. Eine von fünf Personen, die Armenien nach dem Krieg um Bergkarabach Anfang der Neunzigerjahre zu Helden erklärt hatte. 2004 hatte er *Die Richter des Jüngsten Gerichts* gelesen und war zur Überzeugung gelangt, dass es nicht von einem Türken geschrieben sein konnte. Im selben Jahr kam er nach Köln, und wir trafen uns.

Nach meiner Erinnerung verlief unser Dialog in etwa so: »Bist du wirklich Türke?«, fragte er. Ich ließ ihn wissen, dass mir die türkische Staatsbürgerschaft zwar entzogen, meine Muttersprache aber Türkisch sei. Dann folgten eine Menge Fragen, die mich auf die Palme brachten.

Als er auch noch fragte: »Hast du *Die Richter des Jüngsten Gerichts* für die Armenier geschrieben?«, platzte mir der Kragen.

»Nein«, schrie ich ihn an, »für mich selbst!«

»Wäre deine Antwort anders ausgefallen, hättest du was erlebt«, sagte er.

Wir wurden Freunde. 2005 verbrachte ich zwei Wochen in Armenien. In kürzester Zeit hatte er mich zu einer bekannten Person in Armenien gemacht. Fünf Jahre später, 2010, saßen wir beide im Gefängnis. Er in Eriwan, ich in Istanbul. Unsere beiden Väter starben während unserer Haftzeit. Ich war ja ein *Verräter* und durfte insofern nicht zur Beisetzung. Sarkis Hatspanian hingegen war ein Held, aber einer, der nicht länger hatte schweigen können angesichts des Amtsmissbrauchs an der Staatsspitze, und deshalb hatte er aufbegehrt. Er war ein Held, aber auch er durfte nicht zur Beisetzung seines Vaters, der mir die eigene Bibel geschenkt hatte, völlig zerlesen, viele Verse unterstrichen, akribisch mit Notizen versehen.

Während meiner Haftzeit hatte er im Gefängnis in Eriwan eine Solidaritätsaktion für mich initiiert und die Öffentlichkeit in Armenien auf den Plan gerufen. Als mein Vater starb, ließ er im Gefängnis einen christlichen Gottesdienst für ihn abhalten. Schließlich wurde er dank internationalen Drucks freigelassen. Er blieb stur und kehrte nicht nach Frankreich zurück, dessen Staatsbürger er war.

2017 war er am Telefon kämpferisch wie eh und je. »Mach dir keine Sorgen«, sagte er, »ich lasse nicht zu, dass die Türkei dich kriegt. Ich mache mich sofort auf den Weg, um dich nach Deutschland zu bringen.«

Ich musste meine ganze Überzeugungskraft aufwenden, um ihn von seinem Entschluss abzubringen. »Nein, dieses Mal werde ich auf normalem Weg zurückkehren. Aber sag, wie geht es dir?«, fragte ich so dahin und erwartete, dass er antwortete: »Gut.« Schließlich rauchte er nicht, trank nicht, erhellte mit seiner vor Gesundheit strotzenden Präsenz jeden Raum, den er betrat.

»Nicht gut, Doğan«, sagte er, »ich kann jeden Augenblick sterben. Ich möchte nicht, dass Ilias es weiß. Versprich mir, dass du es nicht sagst.«

Als alle im Institut nach Hause gegangen waren und ich ganz allein im riesigen Gebäude zurückblieb, überwältigten mich meine Gefühle, und ich war ratlos, wie ich Sarkis Hatspanians Geheimnis tragen konnte. Ich fühlte mich in einem furchtbaren Graben der Einsamkeit. Die Romane, die ich dabeihatte, halfen nicht. Krimis, Kabarettprogramme, seichte Diskussionen, widerwärtige Quizprogramme im Fernsehen halfen nicht. Das Bier, das ich trank, half nicht. Um der erdrückenden Melancholie Herr zu werden, die bis Mitternacht nicht von mir abließ, rief ich Peri an und ließ sie bis zum frühen Morgen nicht schlafen, ohne die schlechte Nachricht, die ich erhalten hatte, zu erwähnen. Auch die Tage danach verliefen schlecht. Alle erdenklichen Krankheiten befielen meinen Körper und meine Seele.

Peris Rückkehr nach Madrid tat mir gut. Der Besuch meines Sohnes Can und meiner Tochter Ceren tat mir noch besser. Dass Mercedes Pascual Iglesias ein Spanisch-Lehrbuch geschickt hatte, war gut. Ebenso, dass Albrecht Kieser Erdbeermarmelade, Neşe Keskin *kete* geschickt hatte, das heimatliche Gebäck. Ich entwickelte Appetit und begann wieder zu essen. Mit meiner Tochter und meinem Sohn verbrachten wir ein wunderbares Wochenende in jenen ewigen Sonnentagen Spaniens.

Gonzalo Boye war politisch und gesellschaftlich gut vernetzt. Längst hatte er beschlossen, meinen Fall an die spanische Öffentlichkeit zu tragen. Der Reihe nach führten wir Gespräche mit der kommunistischen, sozialistischen und der liberalen Partei. Ich gab keine Erklärungen zur Katalonien-Krise ab, ich wusste zu wenig darüber, um mir eine eigene Meinung zu bilden.

Als ich Gonzalo Boyes Lebensgeschichte erfuhr, konnte ich sie kaum glauben. Ich fragte ihn, warum sein Deutsch so ausgezeichnet sei. »Ich bin Deutscher«, sagte er, »ein chilenischer Deutscher.«

Woher er wisse, fragte ich weiter, dass die spanischen Gefängnisse erträglich seien.

»Ich war acht Jahre im Knast«, sagte er. Die Erwähnung der acht Jahre zeigte keinerlei Wirkung auf seine Gesichtszüge.

Er war 1965 in Chile, in Viña del Mar, als Kind einer wohlhabenden deutsch-chilenischen Familie zur Welt gekommen. Er erhielt den Vornamen seines Vaters, eines Journalisten, besuchte die englischsprachige Eliteschule Mackay School und studierte in Heidelberg Wirtschafts- und Politikwissenschaften. Er war der Herausgeber der Zeitschrift *Mongolei* und einer der bekanntesten Rechtsanwälte Madrids, wenn nicht Spaniens. 1996 war er von der *Audiencia Nacional,* dem Staatsgerichtshof, der auch über meine Auslieferung an die Türkei entscheiden würde, im Zusammenhang mit der Entführung eines Geschäftsmannes durch die baskische Untergrundorganisation ETA verdächtigt und zu 14 Jahren Haft verurteilt worden. Die Polizei hatte die bei einer Operation gegen die ETA gefundene Notiz *Für die Chilenen* auf einer Rechnung für ausreichend befunden, ihn festzunehmen. Die damalige chilenische Regierung hatte sämtliche Informationen darüber, dass er Mitglied des MIR sei, des Movimiento de Izquierda Revolucionaria, einer linksradikalen chilenischen Partei, Spanien übergeben, und obwohl seine Mitgliedschaft nicht nachgewiesen werden konnte, war die geheime Aussage des vierten Verdächtigen, der sich im Zeugenschutzprogramm des spanischen Staates befand, für ausreichend befunden worden, Gonzalo und die beiden anderen Verdächtigen zu verurteilen.

Die acht Jahre, die er in einer Einzelzelle verbrachte, ließ Gonzalo Boye nicht untätig verstreichen, er schloss ein Jurastudium ab. Bei seiner Freilassung war er Jurist und wurde zu einem Anwalt von Fällen, die ihm internationale Bekanntheit brachten. Beispielsweise übernahm er die Vertretung der Nebenkläger im Fall des Terroranschlags vom 11. März 2004 in Madrid, bei dem an vier Bahnhöfen Bombenanschläge mit 191 Toten und 1800 Verletzten verübt wurden. Er übernahm die Verteidigung Edward Snowdens. Mit seinem Vorstoß gegen sechs Berater des ehemaligen US-Präsidenten George W. Bush, um deren strafrechtliche Verfolgung vor spanischen Gerichten wegen ihrer Verantwortung für das Gefangenenlager Guantánamo zu erwirken, machte er von sich reden. In Wikileaks-Dokumenten tauchte sein Name häufig auf, und die Berichte des spanischen Botschafters in den USA erhöhten seinen Bekanntheitsgrad. In der Antwort auf das CIA-Angebot, Gonzalo einzuspannen, gab es den Vermerk *Nicht käuflich.* Er wurde zu einer Berühmtheit. Er hatte so viele Fälle von Fehlverhalten und Amtsmissbrauch hochrangiger Politiker vor Gericht gebracht, dass es möglich wäre, Spanien, Süd- und Nordamerika, Europa, vielleicht sogar die ganze Welt in seiner Biografie unterzubringen.

Es würde nicht leicht werden, diesen Terrorverurteilten und Juristen zu porträtieren, ohne ins Sentimentale abzudriften. Dazu müsste man das Talent seines Landmannes Roberto Bolaño besitzen.

Ich wollte wissen, wie es kam, dass Ilias Uyar ihn so schnell erreichen konnte. Er arbeite mit zwei Anwaltskanzleien in Berlin und Hamburg zusammen, sagte Gonzalo. In der Hamburger Kanzlei arbeite Peris Cousin Ünal Zeran und in der Berliner ein ehemaliger Studienkollege von Ilias Uyar sowie der Spanisch sprechende Bilal Alkatout (er war es, der den ersten Kontakt zum Anwalt in Granada aufgenommen und mit der Polizeibehörde gesprochen hatte). Auf Empfehlung beider Kanzleien war der Kontakt zustande gekommen. Am Tag meiner Festnahme war er gerade mit seiner Familie auf der Heimfahrt aus dem Urlaub. Noch bevor er in das Flugzeug nach Spanien eingestiegen war, hatte ihn Ilias angerufen und ihm von einem Notfall berichtet. Gonzalo Boye hatte Ilias in der Nacht vom Flughafen abgeholt, und die beiden Anwälte hatten sich eine Stunde später mit Perihan getroffen. Sie verabredeten sich für acht Uhr morgens vor dem Gericht, und Gonzalo Boye hatte mit seinen Kollegen das Internet nach Informationen über mich durchkämmt. Ich kann bezeugen, dass er zwei dicke Aktenordner zur Vorlage für Richter und Staatsanwaltschaft vorbereitet hatte.

Das hieß, dass die Zeit nicht nur in der Zelle, sondern auch draußen gekrümmt werden konnte, sodass sie sich dem Tempo und der Energie dieser beiden Anwälte beugte. Es hätte anders kommen können. Die deutsche Presse hätte kein Interesse zeigen können. Die deutsche Bundeskanzlerin und der Außenminister hätten sich nicht einschalten können. Ilias Uyar und Perihan Zeran hätten kein Ticket auftreiben können, um nach

Madrid zu fliegen. Gonzalo Boye hätte in China sein können, und ich hätte, wie der am 3. August in Barcelona festgenommene schwedisch-türkische Staatsbürger Hamza Yalçın, im Gefängnis bleiben können.

In Hamza Yalçıns Galaxie verstrich die Zeit anders. Bevor seine Frau und Freunde die Presse und zuständige Stellen in Schweden über seine Festnahme am Flughafen informieren konnten, war er längst im Gefängnis gelandet. Fast zwei Monate blieb er inhaftiert. Dabei wäre es juristisch möglich gewesen, dass seine Anwälte, Bezug nehmend auf meinen Fall, seine Freilassung erwirkt hätten.

In den ersten Tagen tauchte auch Kurdo Baksi in Madrid auf. Kurdo Baksi. Ein Name wie ein Aufstandsmanifest gegen die Türkei. Er könnte der ehrgeizigste Manager auf Erden sein, mit diesem Namen bliebe er in der Türkei arbeitslos. Man kannte ihn durch sein Buch *Mein Freund Stieg Larsson.* Stieg Larsson, dieser im Alter von fünfzig verstorbene schwedische Autor, dessen posthum erschienene Millennium-Trilogie (*Verblendung, Verdammnis, Vergebung*) zum Bestseller wurde. Der Erschaffer der Figur Lisbeth Salander.

Wie diese Lisbeth Salander, die es mit der ganzen Welt aufnehmen wollte, obwohl sie im Gefängnis steckte und Gefahr lief, lebenslang im Irrenhaus zu landen, sich in der Zelle auf ihre Verhandlung vorbereitete, hatte mich 2010 inspiriert. Ich war zwar nicht in Kriegsmontur, wie *der letzte Mohikaner,* vor dem Gericht erschienen wie sie, aber genau wie sie hatte ich mich auf die Verhandlung vorbereitet, indem ich im Gefängnis regelmäßig Sport trieb, meine Verletztheit unterdrückte und meinen Widerstand schärfte.

Kurdo Baksi konnte, mit Ausnahme von Deutsch, alle möglichen in Europa und in der Türkei gesprochenen Sprachen. Er sei gekommen, um Hamza Yalçın herauszuholen. Wir aßen in der Kantine des Goethe-Instituts zu Mittag und sprachen mehr über die Situation in der Türkei. Und noch mehr eigentlich, auf mein Drängen hin, über Stieg Larsson. Niemand weiß es, sagte er, aber ich bin eine Nebenfigur im dritten Band. Mit meinem Originalnamen!

Dann war er noch einmal da. Wieder aßen wir in der Institutskantine zu Mittag. Er kam gleich zur Sache. »Wir brauchen eine hiesige Adresse, um Hamza Yalçın freizubekommen«, sagte er, »kannst du da helfen?«

Ich schwieg eine Minute. »Es reicht also eine Adresse aus, damit er freigelassen wird?«, fragte ich.

»Es könnte sein«, sagte er.

Dass ein Mensch seine Zeit im Gefängnis vergeuden musste, weil keine Adresse aufzutreiben war, machte mir zu schaffen. »Wenn's schon keinen Türken gibt in diesem Land, der ihn aufnähme, gibt's denn nicht mal einen Kurden?«, fragte ich.

»Türken kenne ich keine«, sagte er, »und die Adresse eines Kurden wäre nicht gut.«

»Warum nicht?«

»Wir sind ja schon als Terroristen abgestempelt«, sagte er. »Die Adresse eines Kurden könnte vor den Richtern einen falschen Eindruck hinterlassen bei einer Person, die wegen Terrorvorwurfs ausgeliefert werden soll.«

»Was für eine Adresse sollte es sein?«

»Hauptsache nicht die eines Kurden!«

Ich rief Tom Kucharz an, der einem ihm unbekannten deutschen Staatsbürger sein Zimmer zur Verfügung gestellt hatte. Er sagte, er könne es auch für einen schwedischen Staatsbürger in Not tun. Tat er auch.

An dem ersten Wochenende, an dem Peri kam, waren wir bei

Rainhard Maiworm, dem Leiter des Goethe-Instituts, eingeladen. Er war ein Feinschmecker, und mit seinen Kochkünsten könnte er einer der besten Köche der Welt sein, wenn er in einem Restaurant mit soundso vielen Sternen arbeitete. Wir verbrachten einen heiteren Abend. Die meisten Gäste waren Goethe-Leute, Sprachakrobaten, die ihr Leben lang um die Welt gereist waren. Werner Schaich von der Botschaft war ebenfalls dabei. Eine illustre Runde, die unter normalen Umständen nicht so leicht zusammenzubringen gewesen wäre. Insbesondere die Diskussion zwischen dem Diplomaten Werner Schaich und der unter linken Deutschen sozialisierten Peri Zeran, deren Wortschatz gespickt war mit Begriffen wie *Rassismus, Transphobie, People of Color, Racial Profiling, weiße Deutsche,* war hörenswert. Ich war ja Opfer, ich begnügte mich mit Zuhören!

Am selben Wochenende nahm uns Werner Schaich mit in Spaniens Vergangenheit. Zum *Valle de los Caídos,* etwa eine Stunde Autofahrt von Madrid entfernt, zum *Mausoleum,* der Entsprechung zum türkischen *Anıtkabir,* dem Grabmahl Mustafa Kemal Atatürks.

Petra Meyer hatte mir etwas über den Ort erzählt. »Um Spanien und seine Probleme zu verstehen, muss man diesen Ort besucht haben«, hatte sie gesagt. Das Nationalmonument mit der Grabstätte Francos.

Wirklich ein merkwürdiger und gefährlicher Ort. Von Weitem schon war auf einem Hügel das größte Kreuz der Welt zu sehen. Gigantisch. Prächtig. Als wir den Gipfel mit dem Kreuz erreicht hatten, erfuhren wir, dass der Fels unter dem Hügel ausgehöhlt und am Ende eines langen Tunnels eine Basilika errichtet worden war. Es war ein Zeittunnel, den wir betraten, und außer Werner Schaich wusste niemand von uns, was ihn genau erwartete. Vielleicht wusste auch er es nicht. Denn auch er staunte, oder aber seine vorherigen Besuche hatten seinem Staunen nichts anhaben können. Eigentlich hätten die vom anderen Ende des Tunnels zu uns dringenden Kirchenklänge beruhigend auf uns wirken müssen, doch wir schritten furchtsam voran wie Abenteurer, die sich in den Labyrinthen ägyptischer Pyramiden verlaufen hatten.

Es war unbegreiflich, dass ein Land wie Spanien im Einklang mit einem solchen Ort leben konnte. Unter der Basilika befanden sich die Grabstätten des Diktators, *El Caudillo* (der Führer) Franco, sowie des Gründers der Falange, des *Märtyrers* José Antonio Primo de Rivera, der 1936 von den Republikanern erschossen worden war. In den Broschüren, die man uns in die Hand drückte, und in dem deutschsprachigen Buch, das wir kauften, stand kein Wort darüber, dass man diesen Ort, dessen Errichtung am 1. April 1940 beschlossen wurde, durch die Zwangsarbeit von Gefangenen und Inhaftierten erbauen und man bis zur Beisetzung des *Caudillo* in dessen 39 Regierungsjahren 113 000 namentlich bekannte Personen verschwinden ließ.

Das Leben nahm gleichwohl seinen normalen Lauf. Die Geistlichen in ihren Gewändern fuhren fort, den Menschen Gottes Worte zu vermitteln, verliebte Paare schworen sich ihre Liebe in der Basilika, unter der die beiden kranzgeschmückten Massenmörder auf den künftigen Ruf zur Wiederauferstehung warteten. Von alldem hatte ich Kenntnis.

Denn das Goethe-Institut hatte beschlossen, eine Diskussionsveranstaltung durchzuführen, an der auch ich teilnehmen sollte: *Warum ich nicht schweige – Zivilgesellschaft und Erinnerungskultur.* Die beiden anderen Redner waren Carlos Collado Seidel, Generalsekretär des PEN-Zentrums Deutschland, und Emilio Silva, Soziologe, Politikwissenschaftler und Gründer

der *Asociación para la recuperación de la memoria histórica* (Vereinigung zur Rückgewinnung der historischen Erinnerung). Rainhard Maiworm hatte mir ein Buch in die Hand gedrückt, damit ich mich über Bemühungen und Schwierigkeiten Spaniens bei der Vergangenheitsaufarbeitung informieren konnte: *Gegenwart der Vergangenheit.* Nina George vom PEN, die in der ganzen Welt gelesene Autorin, die ich in Magdeburg kennengelernt hatte, hatte mich am Tag meiner Freilassung angerufen und mich informiert, dass sie sich nicht mit der Protestaktion begnügen, sondern auch eine Spendenkampagne starten wollten.

Carlos Collado Seidels Buch über den Spanischen Bürgerkrieg, das er mir vor Veranstaltungsbeginn schenkte, war ebenfalls sehr hilfreich für mich. Denn mein Wissen darüber beschränkte sich auf das, was ich aus Romanen wusste und aus den Studien von Prof. Ulaş Başar Gezgin.

Gezgin schreibt, dass auch Willy Brandt bei den Internationalen Brigaden an der Seite der Republikaner gekämpft hatte, und macht genau wie Seidel darauf aufmerksam, dass die Kämpfe, die als Bürgerkrieg bezeichnet werden, im Grunde genommen eine Widerstandsbewegung gegen den von Mussolinis Italien und Hitlers Deutschland offen unterstützten Putsch Francos war. Die Türkei nahm sich in ihrer Politik Großbritannien und Frankreich zum Vorbild und blieb neutral. Sie untersagte den Sowjet-Schiffen, die vom Schwarzen Meer den Republikanern in Spanien Hilfsgüter bringen sollten, die Bosporus-Durchfahrt und gab 1937 sogar einen Erlass heraus, der die freiwillige Teilnahme am Spanischen Bürgerkrieg für Türken untersagte. Und warum sollte uns der Spanische Bürgerkrieg heute interessieren, fragt Gezgin rhetorisch. Seine Antwort: Weil einiges aus Spaniens Vergangenheit, das sich an Schlüsselworten wie *Republik*, *Verfassung* und *Militärputsch* festmachen lässt, Ähnlichkeit mit der heutigen Türkei aufweise. Spanien erlebte wegen Armeeangehöriger, die nach Francos Tod den Übergang zum zivilen Leben nicht befürworteten, ganze drei Putschversuche: 1978, 1981 und 1982.

Der zweite Redner: Emilio Silva aus Navarra, dessen Weine hervorragend schmecken, Soziologe, Journalist und Leiter der Geschichtsaufarbeitungsinitiative. Sein Großvater, dessen Namen er trägt, war eines der 113 000 Opfer der Franco-Ära. Ohne Grabstätte. Als er einen Roman über seinen Großvater schreiben wollte, hatte er von dem Ausmaß der Massaker erfahren und eine Bewegung ins Leben gerufen, um die Massengräber zu öffnen und den Opfern die Würde wiederzugeben.

Auf der Veranstaltung wollten wir die Erinnerungskulturen der drei Länder und die damit verbundenen Schwierigkeiten gegenüberstellen. Schon zwei Länder zu vergleichen war nicht einfach, drei könnten zur Verwirrung führen. Das geschah aber nicht. Es war eine der produktivsten Diskussionen, an denen ich je teilgenommen habe. Die Meisterschaft meiner beiden Koredner Emilio Silva und Carlos Collado Seidel, innerhalb von zwei Stunden die Bemühungen beider Länder um Geschichtsaufarbeitung zu erläutern, war bewundernswert. Ein ganzes Jahr Recherche hätte mich nicht so umfassend informieren können. Mein Zwangsaufenthalt in diesem Land war längst zu einer kostenlosen kulturellen und politischen Weiterbildungsmaßnahme geworden.

Unter den Zuhörern war auch der Venezolaner Alan. Er hatte mein Handy, das ich in der Zeit, als es mir schlecht ging, verloren hatte, mit detektivischer Akribie wieder ausfindig gemacht und mir vor der Madrider Oper ausgehändigt. Als Dank hatte er benachrichtigt werden wollen, wenn ich eine Lesung machen sollte. Er war mit seiner Freundin da. Ich versprach ihm, ein Jahr später mit ihm auf Spanisch zu korrespondieren.

Mercedes Pascual Iglesias musste dem Madrid-Korrespondenten der *Süddeutschen Zeitung* wohl ordentlich zugesetzt haben, jedenfalls rief mich Thomas Urban an. Auch er ein Kölner. Urban hatte fast sein ganzes Leben in Polen und Russland verbracht. Er sprach Spanisch. Er wollte kein Interview, sondern sich auf einen Kaffee treffen. Von ihm waren viele Bücher erschienen, die mich alle interessierten. Wir sprachen lange über Polen, Fußball und russische Dichter, über *Katyn,* wo Tausende von polnischen Offizieren, Angestellten und Intellektuellen durch Angehörige der sowjetischen Geheimpolizei (NKWD) ermordet wurden. Ich erfuhr viel über Ilja Ehrenburg, der in der Jugend zu meinen Lieblingsschriftstellern gehörte, über Gorki, Pasternak, Nabokov, Majakowski, über Kölns Maskottchen Podolski (ich weiß, dass er das Wort nicht gern hört) und über Klose. Thomas Urban wollte in den nächsten Tagen nach Köln. Ob er mir etwas mitbringen könne? Kölsch, kam mir in den Sinn, aber es wäre ein maßloser Wunsch gewesen. Ich behielt es für mich und bestellte stattdessen ein Spanisch-Lehrbuch. Wegen Katalonien dauerte es länger, bis wir uns nach seiner Rückkehr wiedertrafen.

Bei unserem Kaffee am Santa-Maria-Platz, als Thomas Urban kurz weg war, tauchte ein großer und stattlicher Mann mit Sonnenbrille auf, wie einem drittklassigen Agentenfilm entsprungen. »Ich kenne Sie«, sagte er auf Deutsch, »Sie sind Schriftsteller, stimmt's?«

»Woher wissen Sie das«, fragte ich. »Aus der Presse?«

»Die Presse brauch ich nicht. Würden Sie mir einen Satz aufschreiben?«

»Gern. Was soll ich denn schreiben?«

»Irgendwas«, sagte er, holte ein Heft aus der Tasche und reichte es mir. Als ich zu schreiben ansetzte, sagte er: »Auf Türkisch, bitte.« Ich hielt inne und sah ihn an. Er lächelte. Er hatte nichts Bedrohliches an sich. »Was für ein schöner Zufall, einander an einem solchen Ort zu begegnen«, schrieb ich. Inzwischen war Thomas Urban zurück.

Als der Mann fragte, was ich denn geschrieben hätte, stutzte ich. »Können Sie kein Türkisch?«, fragte ich. Er verneinte. »Ich nahm an, dass Sie ein türkeistämmiger Deutscher sind«, sagte ich.

»Nein«, antwortete er, »ich bin Spanier.«

»Und wie heißen Sie?«, fragte ich.

»Antonio«, sagte er. Thomas fragte den Mann, warum er so gut Deutsch könne. »Ich war lange in Deutschland«, sagte er und fragte, ob er sich setzen dürfe. »Ich schreibe Tagebuch«, sagte er dann und zeigte seine Notizen im Heft, die auf mich den Eindruck einer chiffrierten Geheimsprache machten.

Als Journalist wusste Thomas Urban, wie man Fragen stellt. »Ein Codesystem? In welcher Sprache? Oder chiffrieren Sie Ihre Tagebucheinträge?«

»Nein, das ist eigentlich Spanisch«, sagte Antonio, »aber ein Spanisch, das außer mir niemand versteht.« Er müsse jetzt gehen, sagte er, und dass die Welt kämpferische Menschen wie mich brauche. Im Gehen wirkte er wieder ganz normal, aber mit seinen kryptischen Reden hatte er uns beide beunruhigt.

An meinem letzten Tag in Madrid bin ich Antonio noch einmal begegnet. Er erklärte mir, dass er bei der Deutschen Botschaft als Fahrer arbeite. Da war ich erleichtert.

Ich berichtete Thomas Urban von einigen Vorfällen, die besonders Perihan und Ilias schon einige Tage zuvor beunruhigt hatten. Am 2. September war etwas Merkwürdiges geschehen, an dem Tag, als Peri und ich uns Picassos Gemälde *Guernica* angeschaut hatten. Es war ein Samstag. Das Goethe und die Botschaft waren geschlossen, die Straßen menschenleer. Zwischen dem Goethe-Institut und der Deutschen Botschaft war zwischen zwei Bäumen ein aus teurem und aufwendigem Material gestaltetes Transparent aufgehängt worden. Auf dem Plakat mit den Farben der deutschen Fahne und historischen KZ-Fotos stand als Slogan in englischer Sprache: *Wir gedenken am 1. September, dem Weltfriedenstag, der Opfer des Nationalsozialismus!* Als wir aus der Ausstellung zurückkamen, war das Transparent abgehängt und lag zwischen den Bäumen. Wir zeigten es Gonzalo Boye, als wir ihn trafen. Sein Urteil: »Das waren keine Spanier!«

Wenn es nicht die Spanier waren, wer dann? Ich konnte mir keinen Reim darauf machen, aber es kam mir in den Sinn, ob es vielleicht die Türken gewesen sein könnten, die meine zu einer Krise zwischen beiden Ländern ausgeuferte Verhaftung gegen Deutschland verwenden wollten? Im Heranziehen abstruser Parallelen kann uns niemand das Wasser reichen! Beispiele gefällig? Erdoğans Demagogie »Ihr wendet Nazimethoden gegen uns an!«, als sein Versuch, den türkischen Wahlkampf nach Deutschland zu tragen, berechtigterweise durch die Bundesregierung verhindert wurde. Sprüche nach Art eines Stadtteilrowdys: »Wer bist du überhaupt!« Sich aufplustern wie ein Kampfhahn mit »He, Amerika, he, Deutschland, he, Israel!«. Erklärungen an die USA wie »Ich kaufe deine *SIG-Sauer*-Sachen nicht! Ich habe meinem Minister Anweisungen gegeben. Ab morgen werden wir unsere Waffen, Panzer und Militärflugzeuge selbst herstellen«, offenbar in Unkenntnis, dass SIG Sauer ein deutscher Waffenhersteller ist.

Und seine Sehnsucht, Sultan zu sein. Sein Palast mit tausend Zimmern. Seine gigantischen Bauprojekte. Peinlichkeiten wie die Tatsache, dass er seine Staatsgäste mit Märschen von Militärkapellen der Janitscharen, der Leibwache der osmanischen Sultane, empfängt, mit Soldaten, die verkleidet sind wie im Kölner Karneval und die die 16 plündernden Staaten in der Geschichte symbolisieren sollen, unter ihnen auch die des Ungarn Atilla und des Mongolen Dschingis Khan. Nicht von ungefähr vergleicht man ihn mit der Figur des Gollum aus *Herr der Ringe,* der es einfach nicht gelingt, sich dem Zauber der Macht zu entziehen. Dass er immer wieder mit Hitler verglichen wird, mag übertrieben sein, aber dass er mit der Art, wie er politisch agiert, an Mussolini erinnert, ist nicht von der Hand zu weisen. Die Analyse des italienischen Journalisten Marco d'Eramo scheint mir sehr zutreffend, der in der Kulturzeitung *Lettre International* schreibt, es sei Faschismus, und zwar einer nach klassischem Muster: eine autoritäre Bewegung mit diktatorischen Tendenzen, die im Interesse des Großkapitals agiere, aber auch zum Aufbau eines politischen Regimes imstande sei, das von einem breiten Konsens in der Bevölkerung getragen sein solle.

Erdoğan, der nach 2005 zunächst den Eindruck erweckte, ein Reformer zu sein, hat im Jahre 2013 begonnen, Merkmale typischer faschistischer Diktatoren der Dreißigerjahre anzunehmen, und der Putschversuch vom 15. Juli 2016 hat ihn scheinbar legitimiert, seine Regierungsweise zu festigen. Innerhalb eines Jahres stieg die Türkei zu dem Land mit den meisten inhaftierten Journalisten und Schriftstellern weltweit auf. In kürzester Zeit wurden Tausende Menschen verhaftet und Abertausende aus ihren Ämtern entlassen.

Erdoğan muss den Putschplan vom 15. Juli 2016 erahnt haben. Am Tag darauf erklärte er vor der Öffentlichkeit, dass der Putsch ein Geschenk Gottes sei, und er handelte wie ein General, wie wir ihn aus der eigenen Vergangenheit gut kennen.

Die deutsche Journalistin Meşale Tolu war mit ihrem Sohn allein zu Hause in Istanbul, als sie am 30. April 2017 verhaftet wurde. Sie durfte niemanden anrufen, stattdessen gaben die Polizisten den zweijährigen Serkan bei den Nachbarn ab. Später gelang es Tolu, ihre Familie über den Verbleib des Sohnes zu informieren. Seitdem ist sie im Knast, wie Deniz Yücel, der ebenfalls in türkischer Geiselhaft sitzt. Als er am 14. Februar 2017 festgenommen wurde, war ich so naiv zu denken, dass er spätestens im Frühling wieder in Berlin sein würde. Ich habe mich geirrt. Der Gedanke, dass die deutsche Staatsbürgerschaft seine Gefangenschaft verkürzen würde, war falsch. Deutscher zu sein, bewahrte einen nun auch nicht mehr vor dem Knast. Und es wurden allerlei merkwürdige Vorwürfe über Deniz ausgeschüttet. Er sei ein Agent der PKK und Deutschlands. Ohne Anklage. Ich kann mir gut vorstellen, dass die Staatsanwaltschaft die Agentenkarriere von Deniz noch ausbauen könnte; wenn schon, denn schon: Agent Israels oder Armeniens und dazu noch Griechenlands!

Ende September rief der deutsch-ungarisch-spanische Tom Kucharz an. »Hallo Doğan«, begann er, aber wie bei unseren Treffen zuvor auch siezte er mich im weiteren Gespräch. »Ich habe es gerade aus dem Büro von Baltasar Garzón erfahren: Hamza Yalçın wurde freigelassen. Seine Tochter Maria wird ihn in Barcelona abholen und am Nachmittag nach Madrid bringen. Morgen um elf Uhr gibt es eine Pressekonferenz in der Baltasar-Garzón-Stiftung. Garzón lädt Sie ein!« Baltasar Garzóns Biografie stand der von Gonzalo Boye in nichts nach. Als er von sich aus die Verteidigung von Hamza Yalçın übernahm, zogen sich die anderen Anwälte zurück.

Während Gonzalo Boye wegen der ETA-Aktion vor der *Audiencia Nacional* vor Gericht stand, war Baltasar Garzón ebendort Richter. Ein Untersuchungsrichter, wie ihn Spanien noch nicht gesehen hatte. Vielleicht der einzige spanische Richter, der es zu Weltbekanntheit gebracht hat. Er war es, der Pinochet in London verhaften ließ. Baltasar Garzón war zehn Jahre älter als Gonzalo Boye, stammte aus Andalusien und war, wie ich, mit fünf Geschwistern in einem Dorf aufgewachsen. Man kann sagen, dass er eine steile Karriere hinlegte. Während der 23 Jahre am spanischen Nationalen Gerichtshof ermittelte er gegen Korruption, Drogenkartelle, Waffenhändler, Diktatoren und Folterer. Gegen die Todesschwadronen der *antiterroristischen Befreiungsgruppen,* der sogenannten GAL, die im Namen des Innenministeriums auf illegale Weise gegen die baskische Terrorgruppe ETA kämpften. Das internationale Recht kam dank seiner Ermittlungen bei der Verfolgung von Diktatoren weiter. Er ebnete den Weg für die Öffnung der Massengräber der Vermissten aus der Franco-Ära. Und machte sich mit alldem auch viele Feinde. Das ist eine lange Geschichte. Dann wurde Garzón wegen angeblicher Rechtsbeugung für elf Jahre vom Richteramt suspendiert und arbeitet inzwischen als Anwalt. Auch das ist eine lange Geschichte.

Gonzalo Boye, mit dem ich am Tag der Rückreise Hamza Yalçıns nach Schweden sprach, war Realist. »Vor dem 18. Oktober kannst du nicht zurück«, sagte er. Ilias Uyar hatte, bevor der Beschluss des Ministerrats im Fall Hamza Yalçın bekannt wurde, meine Istanbuler Anwältin nach Madrid eingeladen. Die drei Anwälte wollten sich treffen und der *Audiencia Nacional* das Leben schwer machen. Sennur Baybuğa kam mit zwei riesigen Aktenordnern aus Istanbul. Ich war überrascht. So viele Dokumente in einem Fall, mit dem ich nichts zu tun hatte. Die Durchsicht würde Tage dauern.

2010 war ich außerstande gewesen, mich mit meiner Akte zu

beschäftigen. Nach meiner Freilassung hatte sich dieses Desinteresse gehalten. Ich wollte so schnell wie möglich in mein Geburtsdorf zurück, wollte die Gräber meiner Mutter, meines Vaters, meines Erdal Abi, meines Namensvetters, des *Großen Doğan,* besuchen und das von Arif, dem bedeutendsten Musiker, den das Dorf hervorgebracht hatte. Dann würde ich dieses tyrannische Land für immer verlassen. Es stellte sich leider heraus, dass ich frühestens in drei Tagen würde mein Dorf erreichen können, das am nordöstlichen Zipfel der Türkei liegt. Drei Tage musste ich in Istanbul bleiben und Fernseh- und Presseleuten Rede und Antwort stehen. Allesamt emotionslose, scharfe Erklärungen, in denen die Worte *Völkermord*, *Kurden* und *Armenier* reichlich vorkamen. Die meisten wurden nicht veröffentlicht. Es war mir egal.

Am zweiten Tag sprach ich mit Kai Strittmatter von der *SZ,* der jetzt Chinakorrespondent ist und auch bei meiner Verhaftung in Granada aus dieser weiten Ferne zu Hilfe eilte. Er war der erste deutsche Journalist, mit dem ich persönlich sprach. Sein Interesse war aufrichtig. Das Gespräch mit ihm, das am 13. Dezember 2010 veröffentlicht wurde, gab meinen Zustand sehr gut wieder. Die Sprache, die ich nach meiner Flucht in Deutschland erlernt hatte, gab mir innere Ruhe und Schutz. Hier, in diesen vier Monaten im Knast, bemerkte ich, dass ich mein Vertrauen in meine Muttersprache verlor, obwohl sie mir immer als die wichtigere erschienen war. Schließlich hatte ich zwei Dinge mitgenommen, als ich vor 20 Jahren aus der Türkei flüchtete: meine Sprache und meine Erinnerungen.

Kai Strittmatter wollte wissen, wie ich vom Tod meines Vaters im Gefängnis erfahren hätte. Ich erzählte ihm, dass meine Anwälte versucht hatten zu verhindern, dass ich es aus der Zeitung erfahre. Aber ein Mitgefangener hatte mir seine Zeitung herübergeworfen. Im Interview geht es folgendermaßen weiter: »Da habe ich sein Foto gesehen, auf Seite 3. Zuerst dachte ich: Das bin ich selbst. Dann sehe ich: Das ist mein Vater. Und ich denke: Warum? Machen meine Freunde nun Öffentlichkeitsarbeit mit meinem Vater? Dann erst habe ich gelesen, dass er tot ist. Da war diese Ohnmacht, diese Wut. Meine erste Reaktion war: Ich schreibe nie mehr ein Wort auf Türkisch. Aber ich bin doch ein türkischer Schriftsteller. Mein seelisches Exil habe ich durch die Heimat in der türkischen Sprache gemildert. *(Dogan Akhanli beginnt zu weinen.)* Das ist interessant: Ich weine, während ich Deutsch spreche. Ich konnte auf Türkisch nicht weinen.«

Dieses Gefühl überwältigte mich. Die türkische Sprache war nicht mehr die Sprache meiner Kunst, durch die ich mich verwirklichen konnte, sondern die Sprache der Arroganz, Willkür und Gewalt. Ich hatte mir vorher nie vorstellen können, an einen solchen Punkt zu kommen. Kai Strittmatter fragte, ob mir das Land nun fremder geworden sei. Ich sagte: »Ja, leider. Aber ich leiste noch immer Widerstand. Das Ziel der Justiz war doch, mir zu signalisieren: Du gehörst nicht hierher. Sie haben das geschafft, vorläufig. Das ärgert mich. Deshalb fahre ich nun in mein Dorf, besuche den Friedhof, will Erinnerungen lebendig machen, die Verstorbenen zu einem Teil meiner Zukunft machen. Ich lehne dieses Exil ab, in das sie mich verbannt haben.«

Mit meiner Schwester Eribe und meiner Tochter Ceren machten wir uns auf zum Dorf. Wir flogen nach Trabzon, und nach einer sechsstündigen Busfahrt erreichten wir Şavşat. Dort holten uns Ergül Abla und Erkan Evbaş ab, der Sohn meines Onkels Ferit.

Meine große Schwester hatte längst die heimischen Spezialitäten zubereitet. Wir setzten uns zu Tisch. Da erreichte uns die Nachricht, Onkel Ferit sei ins Krankenhaus eingeliefert worden. Erkan eilte in die Klinik. Wir ließen alles stehen und liegen und eilten hinterher. Meine Türkeireise ist verflucht, dachte ich. Sollte Ferit Amca ebenfalls sterben, nahm ich mir vor, würde ich noch in der Nacht über Georgien die Türkei verlassen. Auf dem Weg in die Klinik wurde meine Sorge größer und größer. Ferit Amca lag im Bett, mit einer Infusion am Arm. Als sich unsere Blicke trafen, zerschmolzen all die Jahre, die hinter uns lagen, alles an Krankheit, Leid und Kummer. Ferit Amca sprang aufgeregt aus dem Bett, und die in meinem Bauch rumorende Unruhe verließ mich auf der Stelle. Ich fühlte, wie ich leichter wurde. Alle Werte Ferit Amcas verbesserten sich, und wir nahmen ihn gleich mit.

Auch als Kind hatte ich ihn sehr lieb gehabt. Sein Haus blickte auf den Friedhof, der sich mitten im Ort befand. Und gleich im Haus nebenan, ebenfalls mit Blick auf den Friedhof, wohnte Kaya Amca mit seiner Familie. Sein Haus war ein Paradies voller aufwendig gebundener klassischer Romane. Sartre (*Der Aufschub* aus *Die Wege der Freiheit*), Camus (*Die Pest* und *Der Fremde*) und Pasternak (*Doktor Schiwago*) hatte ich dank Kaya Amcas Bücherliebe kennengelernt. Mit Sartre konnte ich nicht viel anfangen. Mit *Die Pest* und *Der Fremde* hatte ich keine Probleme. Ich bin mir nicht sicher, ob die Bilder von Doktor Schiwago, die ich im Kopf habe, wirklich aus jener Zeit stammen. Denn das Gesicht des sterbenden Schiwago ist in meiner Erinnerung das von Omar Sharif, der letztes Jahr in Kairo starb. Ferit Amca hatte sein Wort, das er mir noch vor meiner Schulzeit gegeben hatte, gehalten. Sobald er seine Möbel aus Walnussholz fertiggestellt hatte, hatte er mir einen maßgeschneiderten Hocker gezimmert.

Er gab mir Bescheid, bevor er mit meinem Hocker begann. Stundenlang habe ich ihn bei der Arbeit beobachtet. Es war ein dreibeiniger Hocker, ich glaube, aus Erlenholz. Das erste Möbelstück, das mir allein gehörte. Ich liebte es, auf diesem Hocker sitzend meinen Joghurt zu essen, in den ich Stücke vom Maisbrot brach, und den Geschichten zu lauschen, die Mutter und meine Schwester am Nachmittag vorlasen. Das blieb mein Ritual, bis ich nach der Grundschule das Dorf verließ.

Kaya Amca las, wie mein Vater, die *Cumhuriyet,* Ferit Amca die *Akşam,* die in den Sechzigerjahren eine linke Zeitung war. Er liebte die Kolumne von Çetin Altan, dessen Leben voll von Inhaftierungen und Strafverfolgung war. Çetin Altan ist übrigens der Vater der Journalistenbrüder Ahmet und Mehmet Altan, die derzeit im selben Gefängnis wie Deniz Yücel inhaftiert sind. Ferit Amca schrieb häufig Leserbriefe an die Zeitung, und wenn einmal einer davon veröffentlicht wurde, waren wir mächtig stolz.

Als wir am nächsten Tag auf den Dorffriedhof gingen, war auch Ferit Amca dabei. Ich legte Bücher auf die Gräber, die ich besuchte. Der Große Doğan bekam *Das Mohnblumenfeld.* Kurz nach Sonnenuntergang kamen alle, die von meiner Heimkehr erfahren hatten, zu uns. Schließlich tauchte Kaya Amca auf, mit dem *Mohnblumenfeld* in der Hand. Er war ganz aufgelöst. Er hatte die ersten 50 Seiten des Buches gelesen. Seine Krankheit hatte ihm fast alle Erinnerungen genommen, aber auf einmal erinnerte er sich, wer ich war, und brachte seine Freude über meine Rückkehr zum Ausdruck. »Du bist ja wirklich Schriftsteller geworden«, sagte er immer wieder. »Du bist ja Camus geworden, Camus!« Dann erinnerte er sich der 237 Schüler, die er unterrichtet hatte. Er erinnerte sich genau, wie viele von ihnen die Mittelschule abgeschlossen und wie viele studiert hatten. Dann fragte er, ob ich seinen Sohn, den Großen Doğan, in Istanbul besucht hätte. Ich habe ihm nicht gesagt, dass sein Sohn vor fünf Jahren gestorben war.

»Ja«, sagte ich, »ich war bei ihm, er lässt dich grüßen.«

So half mir die Zeit mit meinen Dörflern, meine Wunden zu heilen. Und sie war ein Anzeichen dafür, dass ich das eingebüßte Gefühl für *Heimat* wiedererlangen könnte.

Zum Flughafen Sabiha Gökçen brachte mich mein Anwalt Haydar Erol. Mit der Behauptung, ich hätte das Visumsgesetz verletzt, wurde ich daran gehindert, ins Flugzeug einzusteigen. Ausländer erhielten mit ihrer Einreise automatisch eine dreimonatige Aufenthaltserlaubnis, durch meine Haftzeit hatte ich diese überschritten. Wieder wurde ich an diesen allzu bekannten Ort auf dem Flughafengelände geführt. Meine Erklärung, dass es nicht mutwillig geschehen sei, half nicht. Wenn ich eine Strafe in Höhe von 350 Euro bezahle, könne das Problem gelöst werden. Ich rief Haydar Erol an. »Bezahl auf der Stelle«, sagte er.

Ich bezahlte, aber ich erhielt keine Quittung. Kurze Zeit später hieß es: Es war ein Versehen. Wir gingen zur Kasse, um das Geld zurückzuholen. Der Beamte sagte, er könne Geld, das in die Staatskasse geflossen sei, nicht einfach wieder da herausnehmen. Er blieb dabei. Der Polizeibeamte, der mich begleitete, musste laut werden: »Jetzt pass mal auf, du gibst dem Mann jetzt sofort sein Geld zurück!« Der Kassierer kuschte und gab mir das Geld zurück. Auch für die Rückgabe gab es keine Quittung.

Während ich darauf wartete, zum Flugzeug gebracht zu werden, kam ein Anruf. Keine Ahnung, was der Anrufer sagte, aber die Gesichtszüge des Polizisten wurden strenger. Mir platzte der

Kragen. Ich stand auf und sagte: »Ich gehe jetzt zum Flieger.« Im selben Moment wurde ich von einem Polizisten, Dienstgrad Kommissar, angegriffen. Ich stieß den Kommissar beiseite. »Ich bin Deutscher«, sagte ich, »fassen Sie mich nicht an!« Sie ließen tatsächlich die Finger von mir!

Kurze Zeit darauf kam der Kommissar zu mir und entschuldigte sich. Sein Verhalten war widerwärtig. Mein Flieger war weg, und die Nacht verbrachte ich, gemeinsam mit jungen georgischen Frauen, die der Prostitution verdächtigt wurden, auf dem Gelände eines nahe gelegenen Krankenhauses. Man wollte mich wieder der überaus korrekten *Kopenhagen*-Prozedur unterziehen, doch dann wurde auf eine körperliche Untersuchung verzichtet. Während der Untersuchung der weinenden Georgierinnen kam ich mit dem jungen Polizisten ins Gespräch, der den Polizeiwagen gefahren hatte. *»Dayı«*, sagte er, »in den Akten steht, dass du Terrorist bist, aber du siehst nicht aus wie einer. Wer bist du?«

Die so begonnene Unterhaltung dauerte drei Stunden. Er erzählte mir, dass er in einer nationalistischen Familie mit vielen Anhängern der Grauen Wölfe groß geworden sei. Er brachte seine Vorbehalte gegenüber ethnischen und religiösen Minderheiten in der Türkei zum Ausdruck. Beispielsweise war er davon überzeugt, dass Abdullah Öcalan Armenier war. Und das Hauptproblem der Türkei seien nicht die Kurden, sondern die jüdische und armenische Lobby. Ich versuchte, mit ihm einen sokratischen Dialog zu führen. Ich versuchte nicht, ihm Wissen zu vermitteln, sondern ihn dazu zu bringen, zu reflektieren und bestimmte Wertebegriffe für sich zu definieren. Beispielsweise fragte ich ihn: »Angenommen, Abdullah Öcalan wäre kein Armenier, sondern Kurde, würdest du dann deine Meinung über die kurdische Bewegung ändern?« Und so weiter. Wir haben über die Vernichtung der Armenier während des Ersten Weltkrieges gesprochen. Über die vertriebenen Griechen, über die Massaker im Jahre 1938 in Dersim, über die Hinrichtung des ehemaligen Ministerpräsidenten und über 500 000 misshandelte Menschen nach dem Militärputsch 1980.

Am Ende des Gesprächs hatte er seine Meinung gewiss nicht geändert, aber immerhin wollte er ein signiertes Buch von mir haben und kündigte seinen Kollegen gegenüber lautstark an, man müsse nicht alles glauben, was man in der Schule gelernt habe. Früher, in den Achtziger-, Neunzigerjahren, wäre ein solches Gespräch nicht möglich gewesen. Und in der heutigen Türkei ist ein solches Gespräch wieder unmöglich geworden.

Ich kam zwar mit Verspätung in Köln an, aber immerhin pünktlich zum Geburtstag meines Sohnes. Meine Rettung habe ich einer Solidaritätswelle zu verdanken, die in Köln begann und dann nach Berlin, Hamburg, Frankfurt, Darmstadt, Wuppertal und am Ende auch in die Türkei schwappte. Köln ist eine Stadt, die eine gewisse Neigung hat, auch Politisches in eine Feier zu verwandeln. Damals, 2011, hatten wir meine Rettung am 5. Februar in der Alten Feuerwache gefeiert. Bei meiner erneuten Verhaftung 2017 hat die Solidarität vom ersten Tag an ganz Deutschland umfasst. Geübt durch meine Verhaftung von 2010, wurden innerhalb eines Monats 53 000 Unterschriften gesammelt. Im Literaturhaus, im Schauspielhaus und an vielen anderen Orten wurden Solidaritätsveranstaltungen organisiert. Meine Botschaft, die ich ihnen aus Madrid schickte, ist im Grunde genommen die Quintessenz dieses Buches:

»Liebe Freundinnen und Freunde!

Weil meine Festnahme so schnell öffentlich bekannt geworden ist, bin ich davor bewahrt worden, in Untersuchungshaft bleiben zu müssen. Gleichzeitig entstand der Eindruck, die Festnahme von Menschen in Europa, die der Türkei ein Dorn im Auge sind, sei ein neues Phänomen. Ich kenne allerdings allein in meinem persönlichen Umfeld in Köln Dutzende, die ähnliche Erfahrungen machen mussten. Kaum ein Kurde aus der Türkei kann sich sicher sein, dass er nicht auf der Fahndungsliste von Interpol steht. Nun kommen angebliche oder tatsächliche Akteure des gescheiterten Putschversuchs vom 15. Juli 2016 dazu. Und längst schon sind Abertausende Exilierte nach dem gelungenen Militärputsch von 1980 betroffen.

Das erste Todesopfer des Auslieferungshandels zwischen Europa und der Türkei war Anfang der Achtzigerjahre zu beklagen. Cemal Kemal Altun war in der Türkei als Student in einer linken Gruppierung aktiv und floh nach dem Militärputsch nach Deutschland. Die Türkei wollte ihn zurückhaben. Nachdem das BKA seine verbündeten Kumpel ausdrücklich angefragt hatte, ob sie gegen Altun nicht einen Auslieferungsantrag stellen wollten. Die türkische Regierung tat das noch am selben Tag. Altun erhielt zwar politisches Asyl, aber die deutschen Behörden reichten Klage dagegen ein. Am zweiten Verhandlungstag über diese Klage am 30. August 1983 stürzte sich Cemal Kemal Altun aus dem Fenster des Verwaltungsgerichts, weil er begründete Angst vor der Auslieferung an die türkische Militärdiktatur hatte.

Altuns Todessprung weckte öffentliche Anteilnahme. Bei einem Teil Deutschlands: Der diskutierte intensiv über den Umgang mit Flüchtlingen, über die deutsche Verantwortung, über die NS-Geschichte und über die deutsch-türkischen Beziehungen. Der andere Teil lieferte weiter an die türkische Militärdiktatur aus und ließ sich dafür auch noch beklatschen. Die *taz* verdeutlichte an einem Beispiel die historische Kontinuität der europäischen Auslieferungspolitik. So überstellten die Niederlande 1934 vier deutsche Emigrant_innen der Gestapo. Der Fünfte aus der Gruppe entging diesem Schicksal nur, weil er über norwegische Papiere verfügte: Es war Willy Brandt.

Als wir im Herbst 2016 eine Solidaritätsveranstaltung für Aslı Erdoğan organisiert haben, behauptete ich, Aslı wird freigelassen, noch bevor das neue Jahr anbricht. Meine Vermutung – meine Hoffnung! – wurde am 29. Dezember 2016 wahr. Aslı Erdoğan wurde an diesem Tag aus der Haft entlassen. Ich habe in einer E-Mail an Bettina Fischer meiner Freude Ausdruck verliehen und geschrieben: ›Das Literaturhaus Köln hat etwas Magisches, wenn es um Solidarität geht.‹

Und sie antwortete: ›Wenn das mit der Magie nur stimmen würde! Was könnten wir dann alles bewirken!!‹

Ich bin jetzt nur deshalb nicht in Untersuchungshaft, weil es diese Magie wirklich gibt. Es war die Magie, die in diesem großen öffentlichen Aufschrei gegen das Unrecht meiner Verhaftung lag. Eine Magie, der sich nicht einmal die Bundeskanzlerin und der Außenminister entziehen konnten.

Es war dieselbe Magie der Solidarität, die mich schon im Dezember 2010 gerettet hat. Ich bin mir ziemlich sicher, dass die Magie der Solidarität in diesem Sommer 2017 erneut dasselbe bewirken wird.

Ich danke Euch dafür, und ich wünsche Euch einen gelingenden Abend.

Kölle alaaf und herzliche Grüße aus Madrid

Doğan Akhanlı, 5. September 2017«

Am Freitag, dem 13. Oktober (wer behauptet, dass es ein Unglückstag ist!) sprach der Ministerrat endlich das erwartete Urteil. Die Entscheidung, mich nicht auszuliefern, hat mich in keinster Weise überrascht. Ich hatte bereits für den 18. Oktober zwei Tickets nach Köln gekauft. Ich musste doch am 20. Oktober, rechtzeitig zum Geburtstag von Eva Schaaf, da sein! Deshalb ließ ich über die *Tagesschau* verkünden, dass ich ausreisen werde, damit die Spanier Bescheid wussten und es am Madrider Flughafen nicht ähnlich zuging wie 2010 in Istanbul. Die Kölner wollten ja auf jeden Fall eine Feier veranstalten, also verlegten sie Eva Schaafs Geburtstagsfeier einfach an einen anderen Ort und integrierten diese in ein Fest für Solidarität und Freiheit. Wenn Podolski das Fußballmaskottchen der Stadt war, kam ich mir vor wie ihr Solidaritätsmaskottchen, das von einer Rettungsaktion in die andere strauchelte. Das soll mir mal einer nachmachen! Ich muss in diesem Zusammenhang gestehen, dass ich nicht nur Opfer war.

Ich bin mir durchaus bewusst, dass auch ich Menschen verletzt habe, gerade die, die mir am nächsten standen. Dass ich ihnen in dieser Geschichte keinen Raum gebe, ist sicherlich aus Angst und Feigheit geschehen, meine Täterseiten offenbaren zu müssen, auch wenn es eine andere Art von Täterschaft ist, als sie verfolgte Menschen durch die Staatsgewalt erleben. Aber mehr noch habe ich über diese Seiten meiner persönlichen Geschichte aus Sorge geschwiegen, diese Menschen aufs Neue zu verletzen. Ich habe einige von denen, die mich durch einen Abschnitt meines Lebens begleitet haben, immer bemüht, mich zu beschützen, damit ich mich nicht verliere, gekränkt und verletzt. Ich habe so tiefe Verletzungen verursacht, dass Entschuldigungen sie nicht heilen können. Diese Menschen sollen wissen, dass ich mich mit Zuneigung an sie erinnere. Ihnen, die ich in diesem Buch nicht nennen kann und will, möchte ich davon berichten, dass sie während des Schreibens ständig bei mir, hier in meinem Zimmer, waren und mir trotz all der Verletztheit mit liebe- und sorgenvollem Blick über die Schulter schauten. Sie alle sollen wissen, dass ich keinen einzigen der mit ihnen verbrachten Tage missen möchte.

Die Trägheit der spanischen Bürokratie verhinderte meinen Flug am Abend des 18. Oktober. Es hieß, der Richter sei am betreffenden Tag nicht im Gerichtsgebäude gewesen und habe die betreffenden Unterlagen nicht unterschreiben können. Zu Recht war ich wütend. »Ein Land, das eine Unterlage innerhalb von fünf Tagen nicht fertigstellen kann, wird das Katalonien-Problem in hundert Jahren nicht lösen«, maulte ich. An jenem Tag standen viele an meinem Tisch in der Cafeteria des Goethe-Instituts und beruhigten mich. Abends gingen wir ganz bewusst in das einzige armenische Restaurant Madrids. In der Hoffnung, dass es dem Frieden in Kaukasien dienen möge, stellten wir ein armenisch-aserbaidschanisch-georgisches Menü zusammen.

Die Hindernisse vor meinem Rückflug waren am nächsten Morgen um zehn Uhr behoben. Die notwendigen Unterlagen wurden unterschrieben. Da Staaten nur dann um Vergebung bitten, wenn sie müssen, wurde kein Wort des Bedauerns über meinen zweimonatigen Zwangsaufenthalt verloren.

Als ich 2010 im wahrsten Sinne des Wortes gerettet worden war, hatte ich ein starkes Gefühl der Dankbarkeit für alle, die sich mit mir solidarisch gezeigt hatten. Ich brauchte viel Zeit, um mich vom Gefühl der Niederlage zu befreien. Jetzt überwiegt in mir das Gefühl, eine Tyrannei, die bis nach Spanien reichte, besiegt zu haben. Es wurde in diesen zwei Monaten für alle deutlich, dass die türkische Regierung weder ethische noch politische Grenzen kennt und Willkür und Hochmut zur Regierungsform erhoben hat. Es kam ans Licht, dass Interpol zur Verfolgung von politisch missliebigen Exiltürken missbraucht wird, dieser weltweite Polizeiverbund, der ja eigentlich die Bekämpfung international organisierter Kriminalität erleichtern soll. Dass dieser Missbrauch, den europäische Staaten lange ignoriert haben, durch meine Verhaftung in Granada und den Zwangsurlaub in Madrid auf die Tagesordnung kam und diskutiert wird, war ein politischer Gewinn.

Madrid wurde wirklich zur Stadt einer Solidarität aus Deutschland, der Türkei und Spanien, das kann ich bezeugen. Solidaritätsbekundungen, all die Angebote, mir eine Bleibe zu bieten, Unterschriftenkampagnen … Die Ausgaben für Anwaltshonorare und den Zwangsurlaub, die ich niemals hätte stemmen können, waren dank dieser Solidarität kein Problem mehr. Ich fand die Gelegenheit zu schreiben und werde heute mit einem Manuskript nach Köln zurückkehren, dessen letzte Seiten ich gerade schreibe: *Verhaftung in Granada.*

Doch muss man auch bedenken, dass mir nicht nur die Magie der Solidarität zuteilwird, sondern dass ich ganz sicher auch sonst Glück habe. Ich bin ein Glückspilz, denn mein Weg kreuzte, als ich 2010 aus der Türkei wieder nach Deutschland zurückkehrte, den von Perihan Z., die ich in meiner Zelle in Tekirdağ auf einem Gruppenfoto, inmitten von zwanzig Leuten, betrachtet hatte. Mit ihr hatte ich im Park in der Nähe des fiktiven Sees, auf den sie vielleicht ihren Blick gerichtet hatte, unter den riesigen Kastanienbäumen einen virtuellen Spaziergang gemacht.

Nach meiner Rückkehr war ich als Redner zu einer Podiumsdiskussion nach Hamburg eingeladen, und Perihan saß in einer der vorderen Reihen. Ehrlich gesagt glich sie Istanbul.

Dieser Stadt, die ich in dem Interview mit Kai Strittmatter folgendermaßen beschrieben hatte. »Gestern hat mich«, sagte ich damals, »wieder bei der Galata-Brücke ein Bild aus meiner Jugend eingeholt – wie ich dort mit meinem Bruder spazieren ging. Plötzlich war Istanbul wieder da. Dieser Blick. Diese verführerische Haltung. Wie eine schöne Frau, die einmal schaut und sich dann wieder wegdreht. Und du weißt genau, dass du ihr ein Leben lang hinterherlaufen wirst.«

Die Istanbul-Metapher ließ mich auch in der Pause nicht los. Sie unterhielt sich mit ihren Freunden. Ich ging zu ihr. »Ich habe dich gefunden«, sagte ich, »ich möchte deine Hand nie wieder loslassen.« Zugegebenermaßen war mein Verhalten unangemessen. Aber wer weiß, wann ich wieder in Hamburg sein würde. Dass sie jetzt, auf dem Weg nach Köln, meine Hand hält, ist ein weiterer, unwiderlegbarer Beweis dafür, was für ein Glückspilz ich bin.

Literatur

Ak – analyse & kritik – Zeitung für linke Debatte und Praxis / Nr. 617 / 21. 6. 2016

Akçam, Taner: Armenien und der Völkermord. Die Istanbuler Prozesse und die türkische Nationalbewegung, Hamburg 1996

Akçam, Taner: İnsan Hakları ve Ermeni Sorunu, İmge Kitabevi Yay., Istanbul 1999, 2002

Akçam, Taner: Türk Ulusal Kimliği ve Ermeni Sorunu, İletişim Yay., Istanbul 1993

Bach, Peter: Bericht von einer erfolgreichen Solidaritätsreise nach Istanbul, Köln, 11.12.2010; http://dogan-akhanli.de/wordpress/wp-content/uploads/2016/11/Bericht-von-einer-erfolgreichen-Solidarit%C3%A4ts reise_.pdf

Barth, Boris: Genozid / Völkermord im 20. Jahrhundert. Geschichte, Theorie, Kontroversen, München 2006

Baybuğa, Sennur: Bir ›malum şahıs‹ kahramanı olarak Doğan Akhanlı, 2010; http://www.demokrathaber.net/bir-malum-sahis-kahramani-olarak-dogan-akhanli

Blatt, Thomas: Nur die Schatten bleiben. Der Aufstand im Vernichtungslager Sobibor, Berlin 2001

Bora, Tanıl: Cereyanlar, Türkiye'de Siyasi İdeolojiler, Istanbul 2016

D'Eramo, Marco: Erdoğans Regime. In: Lettre International, Frühjahr 2016

Gezgin, Prof. Dr. Ulaş Başar: İspanya İç Savaşı: Darbe, Direniş ve Tarihyazımı, 6 Nisan 2017; http://dunyalilar.org/ispanya-ic-savasi-darbe-direnis-tarihyazimi.html

Gold, Jack (Regie): Escape from Sobibor (Film), 1987

Gust, Wolfgang: Der Völkermord an den Armeniern 1915/16. Dokumente aus dem Politischen Archiv des deutschen Auswärtigen Amts, Springe 2005

Guttstadt, Corry: Die Türkei, die Juden und der Holocaust. Assoziation A, Berlin 2008
Hofmann, Tessa (Hg.): Der Völkermord an den Armeniern vor Gericht. Der Prozeß Talat Pascha. Im Auftrag der Gesellschaft für bedrohte Völker. Mit einer Einleitung von Tessa Hofmann, einem Vorwort von Armin T. Wegner, Göttingen 1980
Katalog »Die Wannsee Konferenz und der Völkermord an den europäischen Juden«, Berlin 2006
Kieser, Hans-Lukas: Die armenische Tragödie. In: Weltwoche 42/2006
Kieser, Hans-Lukas; Schaller, Dominik J.: Völkermord im historischen Raum. In: dies. (Hg.): Der Völkermord an den Armeniern und die Shoah, Zürich 2002, S. 11–80
Kux, Ulla: »dass Völkermord ein Verbrechen ist« – Eine Erinnerung an Raphael Lemkin, 2005; http://mkll.de/wp-content/uploads/2008/02/kuxlemkinvortrag.pdf
Lemkin, Raphael: Axis Rule in Occupied Europe: Laws of Occupation, Analysis of Government, Proposals for Redress, Washington, D. C. 1944
Lemkin, Raphael: Genocide as a Crime under International Law. In: American Journal of International Law 1/1947, S. 145–151
Pichler, Georg: Gegenwart der Vergangenheit: Die Kontroverse um Bürgerkrieg und Diktatur in Spanien, Zürich 2012
Reich-Ranicki, Marcel: Mein Leben, München 2000
Semprun, Jorge: Büyük Yolculuk, Çeviren Nedim Gürsel, Can yayınları, 1985
Strittmatter, Kai: »Sie haben meinen Vater getötet«. Im Gespräch: Dogan Akhanli. In: Süddeutsche Zeitung, 13. 11. 2010
Ternon, Yves: Ermeni Tabusu, Belge Yayınları, Istanbul 1992
Tuşalp, Erbil: Bin Tanık, İstanbul 2013
Urban, Thomas: Katyn 1940. Geschichte eines Verbrechens, München 2015
Werfel, Franz: Die vierzig Tage des Musa Dagh, Frankfurt 1990
Yılmaz, Aytekin: Yoldaşını Öldürmek, İstanbul 2016
Yücel, Deniz: Taksim ist überall. Die Gezi-Bewegung und die Zukunft der Türkei, Hamburg 2017